国際金融危機！

米中メルトダウンの結末

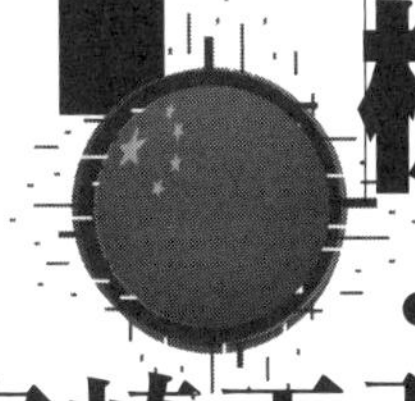

宮崎正弘
Masahiro Miyazaki

ビジネス社

はじめに──「リーマン2・0」

3月に米国でSVB（シリコンバレー銀行）とシグニチャー銀が、欧州では名門クレディスイスが連鎖倒産し、国際経済は「第二のリーマンショックの前夜」を迎えた。

AT1債（永久劣後債）は紙くずになるとスイス政府が声明したため、沈静化したかに見えるマグマは近く大噴火するだろう。AT1債の最大債権者はサウジアラビア、UAE、カタールなど産油国である。

金融危機に加えて欧米の不況入りと中国経済の瀕死状態がある。世界経済を牽引してきたGAFAM（グーグル、アップル、フェイスブック、アマゾン、マイクロソフト）が大量の首切り、あのシリコンバレーにホームレスが溢れ出した。治安悪化も大問題だ。

この劣悪な状況下、中国はドル基軸体制に露骨な挑戦をみせた。

するとブラジルが人民元決済を了承し、サウジアラビアが原油取引に人民元を認める動きをみせた。戦後世界経済体制（ブレトンウッズ＝ドル基軸体制）が大きく揺らいでいる。

かくして国際金融危機の危機が多くのエコノミストや経済史家から警告されている。この小冊はこれら水面下の動きを詳細に探って次の展望を見通す目的で編まれた。

これからの世界はどこへ向かおうとしているのか。


1991年にソ連が崩壊し、東西冷戦が終わりを告げた。「世界は自由と民主主義の価値観で統一される」と、フランシス・フクヤマが『歴史の終わり』で唱えたような楽観論が世界を風靡した一時期があった。

束の間だった。「平和とは戦争と戦争のあいだの休憩時間」とする地政学の原則が甦り、湾岸戦争、テロとの闘い、イラク、アフガニスタン戦争が起こり、昨年2月にはロシアのウクライナ侵略が勃発した。

西側は当初「民主主義を守れ」と一致団結したかに見えた。米英欧の結束もいつしかウクライナ支援の疲労が拡大し、温度差が顕著となった。

ロシアには中国とベラルーシ、イラン、また消極的にブラジルとインドが味方し、西側の団結に明確な亀裂が入った。

NATO諸国は米国を筆頭にウクライナに武器を供与し、兵站を強固に支えたものの、徐々に参加国の温度差が露わとなる。戦闘機を供与した国もあれば戦車を運んだ国もある。ところが支援額で米英独、そしてポーランドや日本のはるか後方にフランスが位置する。フランスの援助額は最低レベルだった。

マクロン仏大統領は4月に北京を訪問すると大歓待で迎えられ、エアバスの大量注文が手土産となった。帰路の専用機でマクロンは思わず本音を随行記者に漏らした。

「わたしたちは、台湾を支援するアメリカに追随する必要はない」

台湾有事は日本有事である。このマクロン発言に日本や台湾より先にNATO主要国内で猛烈な批判がまき起こった。とくにロシアと対峙するポーランド、バルト三国は激烈にマクロンを批判した。

トランプ前大統領はFOXテレビの人気司会者タッカー・カールソンの番組に出演し、「マクロンは習近平の尻を舐めた」といささか下品な言葉で揶揄した。

マルコ・ルビオ上院議員はジョー・バイデン政権を「無能な愚か者の集団」と発言した。西側世界が分裂状態に突入したのだ。

トランプはまた米ドル時代の終わりが来ると不気味な予想を述べた。

経済と金融で共通の規則を構築し国境をなくす「新資本主義」なるものは「経済ニヒリ

ズム」、とエマニエル・トッドは言った。

第一にウクライナ戦争で中国を先頭にロシア支援組があり、とくにブラジルは極左ルラ大統領が３００人の財界人を率いて訪中した。ましてブラジルは中国との貿易で人民元決済を認め、またＢＲＩＣＳ（ブラジル、ロシア、インド、中国、南ア）の共通通貨（ＢＲＩＣＳコイン）構想を語り、露骨な米国への挑戦をみせた。この人民元決済システムにサウジアラビアが仲間入りする動きをみせた。基本は石油ガスの資源戦争である。

第二にＮＡＴＯは米英主導に独仏が二大柱だったが、フランスの乖離が鮮明となり、西側の内訌はロシアと中国を有利に導くだろう。

第三に米国そのものが国内的なイデオロギー対立に陥り、宗教、ＬＧＢＴなどをめぐっての戦乱状態である。トランプ陣営はバイデンを「狂人」扱いである。

しかし一方で韓国、インド、豪州、フィリピンが、米軍とかつてない大規模な軍事演習を展開している。

あきらかに中国の軍事的脅威への対抗である。

かように騒然としてきた国際情勢を目撃しつつ、ＫＫＲなど有力な米ヘッジファンドと、全米一の投資家バフェットが来日し、「次の買いは日本株だ」と高らかに謳った。

何か、とてつもない変化がおこる予兆ではないのか。

2023年4月

宮崎正弘

国際金融危機！ 米中メルトダウンの結末——目次

第2章

米国は中国に勝てるのか？
——ＧＡＦＡＭの黄金時代は終わった

第3章 ウクライナの伏魔殿が導く大混乱

第4章

中国経済の大陥没が起きる

第5章 グローバル・パワーとして振る舞いだした中国

エピローグ 大きく揺らぐドル基軸体制

プロローグ

リーマンショックの惨状を超える未来の国際金融の疑獄図

金融危機は去ったか？

米国カリフォルニア州の有力銀行ＳＶＢ（シリコンバレー銀行）、ニューヨークが基盤のシグニチャー銀、そして天下の名門・クレディスイスが倒産した。

これら金融機関の経営危機が伝わるや、当局の極めて迅速な対応で、救済買収や合併措置が取られ、沈静化した。当面の金融危機は一時的に隠れたかに見える。だが実態はダムの決壊前に生じた大きな亀裂に、とりあえず小石をつめて応急措置を施しただけの状況、謂わば仮死状態である。

危機は潜在化し、つぎのマグマの噴火は、より大規模で深刻なものになる懼れが強い。

ＦＲＢのマイケル・バー副議長は3月28日に米上院で証言し、「シリコンバレー銀（以下「ＳＶＢ」と略すことが多い）の経営破綻の原因は経営失敗の教科書のような事例だ。経営陣が金利や流動性のリスクを管理せず、新興のＩＴ企業に偏った取引をした。変化する技術や新たなリスクに照らし合わせ、銀行業務に対する理解を進化させる必要がある」とした。

こんな程度の分析で良いのだろうか。根はもっと深く広がりを持っているのではないのか？　仮死状態から心肺停止となるのではないのか。

ＳＶＢはノースカロライナ州のファースト・シチズンズ・バンクシャーズが買収する。この銀行は全米30位。１１００億ドルの総資産。ＦＤＩＣ（連邦預金保険公社）はＳＶＢの預金保険基金の負担を２００億ドルと見積もった。後者はノースカロライナ州ローリーに本拠を置く銀行持株会社で19州に５７４支店網をもつが、預金の７割強がノース及びサウス・カロライナ州だ。

ファースト・シチズンズ・バンクシャーズはＳＶＢの資産を１６５億ドルの割引価格で購入し、17支店の管理も引き継ぐ。つまり都市銀行を田舎の信金が買収するかたちだ。

ついでシグニチャー銀行の資産、預金の一部はニューヨーク州が地盤のニューヨーク・コミュニティ・バンコープが引き受けることとなった。

思い出さないだろうか？

北海道経済の中心で北海道開発とともに歩んだ北海道拓殖銀行の歴史は古い。１８９９年の「拓銀法」により、１９００年に設立され、戦後の１９５０年に普通銀行に改編された。以後、道内唯一の都市銀行として道民からは「たくぎんさん」と親しまれた。

バブル期に無理な拡大路線を志向して、カブトデコム、ソフィア、イージーキャピタル、三貴、ラブホ経営の興隆富士商などへ無理な融資をなし、これらの焦げ付きが不良債権として積み上げられていた。１９９７年に経営破綻、道内のそごう等が連鎖で破綻し、金融界に飛び火して、山一証券の廃業、日本長期信用銀行の破綻に繋がった。そして無名だった「北洋銀行」が事業体を継続し、一部は中央信託銀行が店舗などを引き継いだ。

子供が大人を呑み込んだ典型例だが、以後、北洋銀行は、道内金融機関としてトップのシェアを誇る。

過去のベアスターンズ倒産に酷似

ベアスターンズ証券は当時、ゴールドマンサックス、モルガンスタンレー、メリルリンチ、リーマンブラザーズに次ぐ第5位の証券会社だった。

２００７年7月に突如、破綻した。時価総額３００億ドルと言われたベアスターンズはＪＰモルガンにわずか2億８０００万ドルで買収された。

それから1年2ヶ月後に、サブプライムローンが焦げ付き始め、リーマンブラザーズが倒産、いわゆる「リーマンショック」と言われる世界的規模の金融恐慌が起こった。日本の金融界には大きな津波が押し寄せた。

サブプライムローンとは返済の疑わしい人々に住宅購入資金を貸し付け、それを証券化した上で高度の「金融工学」とやらで世界中の投資信託に組み込んだ。だからリーマンショックは米国のみならず全世界の金融機関を巻き込んだ。日本の金融機関や投資家も巨額の損失を出した。

SVBとシグニチャー銀の倒産が往時のベアスターンズだとすれば、次のリーマンショックはたぶん1年後、いや早ければ年内だろう。大銀行、証券を巻き込むだろう。

同じ分析をバンク・オブ・アメリカのストラジスト、マイケル・ハートネットが展開している（『ゼロヘッジ』、23年4月1日号）。

ハートネットの議論はLTCMの失敗に結びつけた点が特徴である。

LTCMとはロングターム・キャピタル・マネジメントを意味し、1994年から99年まで存在したヘッジファンドである。ソロモン・ブラザーズにいたメリウェザーの発案でコネチカット州に設立された。FRB元副議長デビッド・マリンズらが加わっていたので、世界の機関投資家と富裕層から12億5000万ドルを集めた。出資者には香港土地開発局、シンガポール政府投資公社、台湾銀行、バンコク銀行、クウェート国営年金基金、イタリア銀行、住友銀行などがあった。またベアスターンズCEOだったジェームズ・ケインなどが多額の資金を提供した。さらにセント・ジョーンズ大学、イェシバ大学、ピッツバーグ大学なども出資した。

資金運用方法は流動性の高い債券がリスクに応じた価格差で取引されていない事に着目し、割安債券を大量に購入し、反対に割高と判断される債券を空売り。コンピュータがはじき出した銘柄を自動的にリスク算出し、発注するシステムを構築していた。

注目を集めたのは高度な金融工学理論で、実際に驚異的な成績を記録した。金利差から収益を得るために巨大なレバレッジをかけていた。このため1997年のアジア通貨危機を見通せず、ずどんと大音響を立てて破綻した。ロシアなどの新興市場で4億3000万ドルを損出するなど、じつに資本金の25倍のレバレッジをかけて1300億ドルの運用をしていたのだ。

筆者が連想したのは、AIコンピュータがチェスや囲碁のチャンピオンを負かした驚きと、それが近年は名人でもない相手と勝負してAIコンピュータが負けた、という経緯である。

つまりＡＩはパターン認識しか出来ないが、人間は過去の勝負パターンを逸脱した想定外の手を打つと、ＡＩが判断ミスをする。金融工学は想定外の珍事、突発事故に弱いのである。

当時のＦＲＢ議長グリーンスパンは短期金利のＦＦレート（日本の公定歩合に相当）を１９９８年９月からの３ヶ月間で３回引き下げるという異様で急速な対応をとり、ＬＴＣＭ破綻危機によって拡大した金融不安の沈静化を図った。

ウォール街ではシンジケート団の株が売りを浴びた。メリルリンチが25％の下落、リーマンブラザーズは４割も下落した。ゴールドマンサックスは株式公開中止に追い込まれ、ＵＢＳ（ユニオンバンク・オブ・スイスランド）会長は７億８０００万ドルの損害を出して辞職した。

たしかに似ている。

リーマンショックも複雑な金融工学でサブプライムローンを多様な金融商品に混入していた。それゆえに被害は日本の金融機関にも及んだ。

銀行が倒産の危機に瀕すると「大きすぎてつぶせない」として政府が救助する。金融制度の安定を優先する。モラルハザードだ。

こうやって安直な政策が続けられる限り、むしろ危機は深まるのが歴史の鉄則である。つまり破綻を隠蔽しているから不良債権が増殖してゆくのだ。自ら作り出した雪だるま式によるイージーマネーは、世界経済の5倍に迫る破天荒な規模の市場を生み出し、それが複雑に絡み合っているため、たかだか中規模の銀行ですら破綻すると、世界市場に連鎖し、もっと大きな危険が導かれる。

危険は単なる道徳的または投機的なものではなく、救済策とは資本の不適切な配分によって「ゾンビ企業」の急増につながる。

いまの中国経済がその典型で、ビジネスのダイナミズムと生産性の弱体化に繋がるのだ。米国での銀行救済は市場の安定と経済再活性化が目的だが、裏側ではモラルハザードが蔓延し、世界の金融システムを不安定にしている。

地方銀行CEOがオマハに集結

SVB倒産直後だった。2023年3月18日、米国ネブラスカ州のオマハ空港に着陸したプライベートジェット機は合計27機。機体ナンバーから殆どが地域銀行のトップの保有機、もしくはチャーター機だった。

米国のＳＶＢ、シグニチャー銀につづいて経営危機が報じられたファースト・リパブリック銀には、モルガン銀行などが合計３００億ドルの出資を発表した。それでも同行の株価は50％の暴落だった。危機は去っていないと投資家は認識していたからだ。

地方銀行のＣＥＯたちのプライベートジェット機がオマハ空港に電撃的に集中した謎をどう解くか？　かの世界最大の投資団「バークシャー・ハサウェイ」の本社はネブラスカ州オマハにある。

ＣＥＯのウォーレン・バフェットはビル・ゲーツと並ぶ大金持ち、92歳だが健在、４月にも日本にやってきた。投資の勘はまだ冴えているようで、最近は台湾ＴＳＭＣ保有株を売却したことでも話題となった。

つまり地方銀行幹部のバフェット詣でである。バフェットはリーマンショックのときに果敢にバンク・オブ・アメリカに出資し、ついでゴールドマンサックスに50億ドルを投じて市場心理の安定に大きく貢献した。バフェットはいま日本の伊藤忠、三井物産などの総合商社に巨費を投資している。

この相関関係から類推すれば地方銀行ＣＥＯのオマハ集結の謎がとける。

2023年3月10日、SVBが倒産し連鎖でシグニチャー銀の倒産。そしてファースト・リパブリック銀行、ついでパシフィックウエスタン銀が経営危機とされた。両行から預金が引き出される状態が続いた。

事実上の銀行取り付け騒ぎだが、長い列や抗議者の罵声の画面がなかったのはSNSで取引しているからで、1日で400億ドルが預金口座から蒸発した。ボタン1つで大金が移動できる時代となっていた。

銀行株は荒れ模様となってSVB破綻から1週間で時価総額60兆円が〝蒸発〟した。しかしイエーレン財務長官は「米国の金融システムは健全で安定しています」と言い放って強い救済姿勢をみせ、株式市場の下落は小康状態となった。

『サウスチャイナ・モーニング・ポスト』紙によればSVBから大金を借りていたベンチャー企業には中国人経営のところが無数にあった。審査がいかに甘かったかの証左である。

スイス=「金融王国」の神話が崩れた

危機は米国からスイスへ飛び火した。3月16日、経営危機に陥ったクレディスイスをU

BSが「救済買収」することをスイス中央銀行が推奨した。UBSがクレディスイス銀行を買収し、経営効率を高めるため10000名を解雇する（その後、解雇は世界の支店網を含めるため36000名に大幅修正された）と発表した。

これにより、暴落していた株式市場は一時回復基調がみられた。ただ、クレディスイスは22年末に1兆ドルの赤字となり、顧客の預かり資産が30％も激減した。

クレディスイスの株主はサウジアラビアのSNBが9・9％、カタール投資銀が6・9％、サウジのオライヤン・グループが4・9％と圧倒的に中東勢である。

問題はクレディスイスが起債していた2・2兆円のAT1債（ADDITIONAL TIER ONE＝永久劣後債）である。紙くずになると宣言したため、世界の投資家に衝撃が走った。

スイスなら安心と言われた神話が崩壊した一瞬である。

サウジのSNBが12億ドル、カタールはAT1債を4億5000万ドル保有していた。無価値になったため、中東産油国のスイスへの信頼はゼロになった。

三菱UFJモルガン・スタンレー証券もクレディスイスのAT1債を約950億円を顧客に販売していた。1550の顧客口座があり富裕層が1300口座、法人が250口座だった。

ちなみに、スイス政府ならびにスイス中央銀行のＵＢＳによるクレディスイス救済買収案件では、損失補塡に97億ドルをみこみ、また預金者の口座は１人当たり１３５０００ドルの保証とすると発表した（米国の措置の半額）。これらの措置による支出は２８００億ドルとなり、スイスのＧＤＰ（８０００億ドル強）の35％に匹敵する計算となる。ちなみにスイスの１人当たりのＧＤＰは９２０００ドルだ。


なお、老舗のなかにはＨＳＢＣ（香港上海銀行）のように経営のまずさではなく政治に振り回されて業績不振となった銀行が多い。

ＨＳＢＣは中国が一方的に制定し強制した「国家安全法」によって民主団体への海外からの寄付を受け付けなくなった。今度は米国からの制裁にあって、香港行政長官の口座さえ凍結、林鄭月娥前長官はクレジットカードも使用できなくなって現金で給与を貰ったほどだった。

ＨＳＢＣは前期決算が80％の減益を記録し、世界23・５万人の従業員のうち２・５万人をレイオフした。もともとユダヤ系サッソン財閥が設立した銀行で英国の植民地時代はジャディーンマセソン商会とコンビを組んでの利権基盤があった。1997年の香港返還前に突如、シンガポールへ本拠を移管し、さらには英国ミッドランド銀行を買収し、英国籍企業となった。だが現在も最大の支店網、稼ぎ頭は香港である。

つまりHSBCの不振はそのまま中国の実情を反映しているのである。

現状打破には銀行間の合併が必要である。

この再編劇にも既視感がある。2008年のリーマンブラザーズ倒産直後、野村證券と三菱銀行が死に体の米国金融機関の部門買収を「強要」された。さらにウォール街はバンカメ、メリル、モルガン等の大型合併による再編が促進され、危機を回避した。

すなわちリーマンショックの震源地であるリーマンのアジア欧州部門を野村證券が買収し、三菱UFJはモルガンに90億ドルを出資し、みずほ銀行はメリルに12億ドル、三井住友は英国バークレイに5億ポンドを出資したのだ。その後、野村はリーマンの残骸を維持するべく長らく苦労したことは語り草だろう。

同じことがまた起きそうな気配が日々濃厚となってきた。

第1章

SVB、シグニチャー銀、クレディスイスの破綻は「金融恐慌」前夜

スイスからタックスヘイヴンへの資産移動

天下の名門、老舗のクレディスイスはなぜ経営が傾いたのか。

じつは世界の大富豪がスイスの銀行にお金を預けるという図式はとうに崩れていた。知らぬは仏《ホトケ》のみ、偏った情報だけを「特権」と思い込んでいた大金持ちたちだった。産油国はもちろん、ロシアのオリガルヒ、そして中国のビリオネアたちである。

そもそもスイス銀行というのは「総称」であって具体的にはスイスの法律で匿名預金ができる秘密口座の代名詞だった。電話一本で暗号を言えば巨額が世界の他の場所へ動かせた。逆に暗号を知らなければ、第三者は預金を引き出せない。

たとえばＰＬＯ（パレスチナ解放機構）のアラファト議長が死んだとき、秘密口座の暗号を夫人にも打ち明けていなかった。残余の巨額はスイス銀行の懐で消化された。

「ゴルゴ13」の数あるストーリーでは、彼の機密口座もスイスのプライベート銀行と想定された。ゴルゴの「仕事」が済むと、「ご指定のスイス銀行口座に振り込みました」という台詞が導かれる。

事実は劇画より奇なり。

スイス銀行の隠し口座やプライベート銀行の不正が世界的規模で問題視されたのは、テロ資金、麻薬取引、マネーロンダリングなど不正資金の移動問題だった。

米国が「透明性を高めよ」とスイスに強い圧力をかけ、スイスは時間を稼ぎながら、プライバシーの保護だの何だのと言い訳をしつつ、数年をかけて米国の要請に応じた。この間に大金持ちはスイスから他のタックスヘイヴン（租税回避地）へ資産を移動した。その助言をしたのもスイスの銀行家と弁護士たちだった。

タックスヘイヴンとは税率が低い香港（17・5％）、シンガポール（17％）や、完全に免除される国や地域（たとえば米国フロリダ州の所得税はゼロ）を意味し、日本語では「租税回避地」の訳語が当てられる（「脱税天国」は正確な意味ではない）。

世界の金持ちのおよそ8％が金融資産をタックスヘイヴンにおいている。

とくに超富裕層の便宜を図るのがプライベート・バンキングで、中国人が集中する英領ヴァージン諸島、ケイマン諸島、あるいは税優遇制度があるオランダやルクセンブルクが有名だ。

従来「金融帝国」として君臨したスイスは富豪らがプライベートな情報が守られなくな

ってしまったとし、口座の維持を回避するようになり、シンガポール、香港、バハマ、ケイマン諸島、英領ヴァージン諸島、ルクセンブルク、ジャージー島へ移動した。

また、タックスヘイヴンのなかには悪質な脱税、マネーロンダリングのために利用されている地域があり、麻薬や武器取引取引、テロリスト集団の資金隠匿。暴力団やマフィアの資金が流入している。

大規模なタックスヘイヴンはオフショア金融センターと不可分の関係にある。しかし金融業に経済を依存しているために金融危機や破綻に脆弱であって想定外の事件が起きると甚大な悪影響が出る。ユーロ危機におけるアイルランドやキプロスは典型だろう。

主なタックスヘイヴンは以下の通りである。

アンギラ（英国領）、アンドラ、アンティグア・バーブーダ、バハマ、バーレーン、ベリーズ、バミューダ諸島（英国領）、英領ヴァージン諸島、ケイマン諸島（英国領）、ジブラルタル（英国領）、リベリア、リヒテンシュタイン、モナコ、パナマ、セントルシア、サンマリノ、バヌアツ、マン島（イギリス王室属領）。

『パナマ文書』『パラダイス文書』『パンドラ文書』

漏洩した機密文書の『パナマ文書』『パラダイス文書』『パンドラ文書』などが口座の実態やダミー企業、世界の大富豪たちの名前まで暴露した。

これではプライバシーの保護どころではない。富豪たちはもっと便利で有利で匿名性が確保されるタックスヘイヴンを求めて世界を彷徨い始めた。

英領ヴァージン諸島に中国共産党幹部の隠し預金が集合した。

この島では資本金1ドルで会社登記が可能だから、同じオフィスビルに数百のペーパーカンパニィが登録されている。合計2万数千社もの中国人ダミーの秘密口座があって、管理は弁護士事務所、これと連携する香港の会計事務所などが仲立ちする。同じヴァージン諸島でも米国領ヴァージン諸島にこの特権はない。

ロシアのオリガルヒはスイスからキプロスにいったん避難し、つぎにドバイへ資金を移管した。ドバイは日本の「参議院議員」（その後除名）が逃亡先として選んだように、世界の金持ちの伏魔殿化している。

また暗号通貨の大手、ＦＴＸは本社をバハマに登記していた。ＣＥＯだったバンクマンフリードは両親を島の豪邸に住まわせていた。バハマの首都ナッソーはニュー・プロビデンス島にあり、「パラダイス島」と橋で結ばれている。『パラダイス文書』の由来はこの島の名前からかも知れない。

穴場はシンガポールになった

飛び抜けて富豪が多い中国人の一部は大金をもってシンガポールへ逃げ込んだ。ビットコインなど暗号通貨をフル活用し、さっと口座を移し替え、身軽にシンガポールに移住して高層マンションで暮らす。24時間ガードマン警備の豪華マンションが彼らに爆買いされた。

かつて中国大陸の富豪は香港へ出た。ダミー企業、ペーパーカンパニー、国籍（パスポート）買い、何でもござれだった。ところが、香港が中国共産党に呑み込まれて以来、安住の地ではなくなった。香港の有名俳優ジャッキー・チェンは身を守るため共産党への入党を表明した。

豪シドニーとカナダのバンクーバーへ香港人の移民が目立ち、ここ数年は中国大陸からの新移民が急増した。彼ら新参者の不動産爆買いが、現地の住宅価格を5割がた押し上げた。

バンクーバーの高級住宅地に住む筆者の友人は「3年前までこのあたりに中国人はいなかった。かれらは飛行場の周りか旧チャイナタウンあたりの住宅だったが、ついに金持ちの中国人が高級住宅地を現金で購入するようになった」と嘆いた。かくしてカナダも豪も、移民中国人に批判的となった。それでも蝗の大群は次々とやってくる。

穴場はシンガポールになった。ドバイも税金逃れに天国だが地理的に遠い。シンガポールなら住民の7割は中国人だ（最近、インド、アラブ諸国、そして韓国からの移民が増えてはいるが……）。

2022年統計で425軒の豪邸の契約がまとまった。シンガポールの不動産価格は14%の値上がりとなった。シンガポールは外国人に不動産買いを認めていないのでダミーを使う。レンタル料金は33・2%のアップ、商業ビルの賃料は2倍となった。

シンガポールの最高級ゴルフ場会員権は66万ドルと、2019年比で2倍に跳ね上がった。ランボルギーニなど数千万円の高級車が次々に売れる。豪華レストランは連日満員。

ブランド品もいまでは香港より売れる。このため、スーパーマーケットを調べると食料品は8％の値上げとなっていた。

サントリー「響」の年代物オークションで史上空前の高価買い入れをしたのも彼らだった。2020年8月、サントリー最高酒齢シングルモルト「山崎55」が香港で開かれたボナムズのオークションに出品され、8500万円で落札された。落札主はシンガポール在住の華人だった。かくして中国人富豪はシンガポールを伏魔殿と化した。

ジャック・マーに帰国をうながした中国政府

2023年3月、馬雲（ジャック・マー）が忽然と浙江省杭州に出現した。杭州市はアリババ本社があり、上海とは新幹線で繋がって45分。

アリババ創業者のジャック・マーは1年以上の海外旅行の後、中国本土に戻って杭州市に彼が設立した学校を訪れた。2017年にアリババが資金提供した、幼稚園から高校までをカバーする私立学校の教師と生徒と、「チャットGPT」などについて話し合ったとか。

馬雲はスペイン、オランダを彷徨い、農業技術開発センターを視察し、またイスラエル、米国に旅行し、半年にわたって滞在した日本では、近畿大学のマグロ養殖実験場を見学しており、ビル・ゲーツ同様に次世代農業技術に異様な興味を示した。

馬雲に帰国をうながしたのはどうやら中国政府で、『自由時報』に拠れば、民間企業の新しい分野の活動を取り締まっていながら、他方で中国は世界に向けて、「民間企業を支援する」と獅子吼している。この文脈から中国政府はジャック・マーを政府と民間部門の評判を修復するための最良の候補者と見なしたのだ。

ボーアオ会議（23年3月、海南島）で李強首相は「グローバル路線で中国が成長する方針には変わりない」と打ち上げ、海外企業の進出継続をうながした。アップルCEOのティム・クックも訪中し、就任後初めて、李首相と会見した。

事情通に拠れば、新首相の李強が「民間企業への確固たる支援を強調するために、ジャック・マー（馬雲）が中国に不在であることは、起業家や世界の投資家の間で北京を不信にする可能性があるため帰国をうながした」と分析している。

海外流浪といえば、タイのタクシン・シナワット元首相だろう。タクシンはたびたび日本にも来ているが、頻度多い訪問先は香港。ここで次女の貝東丹（ペイトンタン）と会った。彼女は5月の総選挙に立候補を予定し、将来の首相候補のひとり。タクシンは東京で共同通信とのインタビューに応じ、16年間も海外を流浪しているが、近くタイに戻る可能性があると述べた。

タクシンは2006年の軍事クーデターで追放され、英国と日本で暮らした。帰国すれば2年の懲役を宣告されており、選挙結果を待って恩赦を狙っての帰国となりそうだ。

ビットコインも海外資金逃避の伏魔殿だった

金融の伏魔殿はビットコインが代表する暗号通貨資産である。

暗号通貨取引大手だったFTXのトップ、バックマンフリードは、バハマ諸島ナッソーで逮捕され、ニューヨークで裁判が進行中である。

3年ほど行方をくらましていた韓国人の「暗号通貨王」ことド・クォンは、23年3月にソウルから遥かに遠い、バルカン半島のモンテネグロで逮捕された。韓国当局から逮捕状がでていた。

このド・クォンは暗号通貨「テラUSDコイン」なる投機商品を発行し、被害総額は4

00億ドル。「3本の矢キャピタル」や「セルシウス」など流通業者が倒産に追い込まれ、SEC（米国証券取引委員会）からも召喚されていた。

ド・クォンはシンガポールの拠点を畳み、ドバイからセルビアあたりに潜伏していたが、3月23日にモンテネグロのポドゴリッツア空港で逮捕された。

この暗号通貨破産と、さきのSVBの倒産とはいかなる因果関係で結ばれるか？

トランプ前政権の首席補佐官代行だったマルバーニが「オペレーション・チョークポイント2・0」との関連を示唆した。

米財務省は「暗号通貨はSVB倒産と無縁」と考えて、「リスク管理の悪さが原因だ」としているのだが、当局がSVBに対して「暗号通貨を避けるよう」に圧力をかけた経過がSVB崩壊につながった可能性があることを示唆した。つまりSVBは暗号通貨に手を出していたのだ。

「オペレーション・チョークポイント2・0」とは銀行が暗号通貨の預金を保持したり、当該通貨の「安全性と健全性」に基づいて暗号通貨会社に銀行サービスを提供したりすることを思いとどまらせる取り組みを意味する。ただし米国当局は「オペレーション・チョークポイント2・0」を公式戦略とは認定していない。

ＦＲＢならびに連邦預金保険公社（ＦＤＩＣ）、通貨監督庁（ＯＣＣ）が「暗号資産に関する共同声明」で、「暗号通貨と分散型ブロックチェーン・ネットワークは安全で健全な銀行業務と矛盾する可能性が非常に高い」と警告していた。

暗号通貨は富豪たちの隠れ蓑となった。一時はビットコインの80％が中国人によって商われた。マイニングならびに取引業者は香港、シンガポールから現在はドバイに集中している。要するに大富豪らが「危ない資金」をスイスから「もう少し安全な場所」へ移したのだ。いずれ『ドバイ文書』の出現となるかもしれない。

タックスヘイヴン関連文書にゼレンスキー大統領の名前も

『パナマ文書』は２０１６年に公開された。筆者はこのペーパーバックをロンドンの書店で購入したが、タックスヘイヴンに設立された法人に関する機密ファイルだった。『パナマ文書』によると、スイスはペーパーカンパニー設立に最も多く関与した国の１つだった。翌年に明るみに出た『パラダイス文書』でもスイスの大物政治家や企業経営者、大企業の名前が関係者として挙がった。

ロシアのプーチン大統領の名前はなかったが、彼の3人の友人の名前が挙がった。中国の習近平総書記の義兄、同李鵬元首相の娘、英国・キャメロン元首相の亡父、マレーシアのナジブ・ラザク首相の息子、アゼルバイジャンのアリエフ前大統領の子供達、カザフスタンのナザルバエフ前大統領の孫、パキスタンのシャリーフ元首相の子供、南アフリカのズマ大統領の甥、モロッコのムハンマド6世国王の秘書、韓国の盧泰愚元大統領の息子や、俳優のジャッキー・チェンら有名人の名前もあった。

パナマの新聞『エル・シグロ』は、ジャッキー・チェンが英国領ヴァージン諸島に登記された6つのダミー会社の株主になっていると報じた。

２０１７年に暴露された『パラダイス文書』は漏洩案件が１３４０万件もあり、調査に時間がかかった。顧客の企業や個人数を国別に分けると、米国が3万余、次いでイギリス1万４０００余だった。

ついで『パンドラ文書』の発覚は２０２１年10月だった。国際調査報道ジャーナリスト連合（ＩＣＩＪ）が、リークされた機密書類の概要を暴露したので、銀行と組んだスイスの弁護士、会計士、コンサルタントらが富裕層や権力者の資産を世界各地に移動させる手助けをしていた事実が浮かんだ。

分析の結果、91ヶ国の330人以上の政治家や政府高官にタックスヘイヴンとのつながりが確認された。ブレア元イギリス首相、アブドラ2世ヨルダン国王、ウクライナ大統領のゼレンスキーの名前も報道された。「正義の大統領」＝ゼレンスキーの名前があるのだ。また、詐欺や贈収賄や人権侵害等の不正行為で告発された人物や企業が隠れ資産を所有していた事実も明るみにでた。

スイスの銀行法第47条は、たとえ違法行為を公開する目的であっても、個人の口座情報を他人に公開した場合は刑事罰に問われると規定している。しかしスイスの法律の壁は壊れた。大富豪たちはスイス口座を畳みはじめ、世界のオフショア、とりわけドバイ、リヒテンシュタイン、ケイマンなどへ巨額を移動した。

2023年3月9日、クレディスイスは22年度決算で最終損益が72億9300万スイスフラン（約1兆円）の赤字だったと発表し、経営不安による顧客の預入資産の流出が原因だとした。

表面的には22年10月頃から経営不安が強まり、富豪顧客が預金引き出しを開始していた。このため7％という高金利を謳って、クレディスイスは中国へも進出した。

日本の定期預金は100万円を1年預けても利息は雀の涙にもならない！　クレディス

イスは新規500万ドル以上の預金に対して3ヶ月定期預金に年率6・5％の金利を設定。1年物では最高7％の金利を設けた（スイス政府の保証はひとり13万5000ドル）。

中国に開設した合弁の「クレディスイス・セキュリティーズ（中国）」は深圳に限られていたブローカー免許の拡大も認められ、中国全土で営業をはじめた矢先だった。同行は米国投資銀行と熾烈な競争を繰り返し、その無謀とも言える拡大主義によって多くの不祥事を起こし、信頼を落としてしまった。

内部告発情報を基に行った調査で、クレディスイスに、汚職官僚や犯罪者らが不正資金を預けた口座がまだ数十件あるという疑惑が浮上した。

「スイス・シークレット」と名付けられた同調査では数十件の問題口座を特定。預金額は計80億ドル（約9200億円）を超え、汚職スキャンダルに関与した重要人物の名前もある。ベネズエラの石油関連汚職で告発された官僚や、追跡不可能な57億ドルの負債を抱えて自身の銀行が破綻し、ポルトガルで捜査を受けているアンゴラの銀行家らの名前が挙がっている。

かくして秘密口座の機密が漏洩し世界の富裕層はスイスに預金口座をおく必要性がなくなった。

預金保護の対象外となる口座は86％

プロローグでみたようにＳＶＢは３月９日から取り付け騒ぎに発展し、３月10日に倒産した。あっという間だった。

バイデン大統領は慌てて「１口座につき25万ドルまで保証されているから安心だ。金融システムはちゃんと機能している」と人心の安定を呼びかけた。それも束の間、シグニチャー銀が倒産した。前者はカリフォルニア州サンタクレラが本店、後者はニューヨークを本拠とする中堅銀行で、それぞれの資産は１８００億ドルから２１００億ドルの規模だった。

規制をすこし緩和したのはトランプ政権だったが、バイデンになって規制をもっと緩め、中規模な銀行への監督監査の権限を緩和した。

「ＦＲＢは居眠りしていたのか」と共和党の上院議員から突っ込まれ、にわかに「規制を厳格にし、銀行、金融機関の監督を強化しなければならない」などと発言している（ＦＲＢ副議長の議会証言）。

１口座につき上限25万ドル保証というのは、それなら25万ドル以上の預金者はどうなるのか？（リズ・ウォーレン上院議員などの左派は上限を２００万ドルに切り上げろと騒いだ）。とくにＩＴ、ＡＩ企業が集中するカリフォルニア州では日々、巨額の取引がある。保証の対象外となる口座は、じつに86％である。これではドミノが発生し、多くの連鎖倒産が免れないだろう。

預金者保護というスキームは同行が保有する債券（貸し出し残額は７４２億ドル）を担保に保証金を出す仕組み、これを当て込んでＫＫＲやブラックストーンなどのハゲタカファンドが同行買収の動きをみせた。

ＳＶＢは全米16位。預金規模は２０９０億ドルで、全米最大のＪＰモルガンの18分の1、リーマンブラザーズの3割。だから安心だと云々する向きもあるが、預金の大半がハイテク企業である。次期技術開発、ベンチャーキャピタルに深刻な悪影響が出る。

それでなくとも米国経済を牽引し株価を押し上げてきたＧＡＦＡＭ（グーグル、アマゾン、フェイスブック、アップル、マイクロソフト）は昨今の不況と業績不振から7万人以上がレイオフされている。アマゾンは23年3月に追加で９０００人のレイオフを発表した。町ではマンションを追われた人々が路上生活者となる。

借り手はＦＲＢの利上げによって経営が圧迫されたとしており、世界経済を強烈に引っ張ってきたハイテク企業の連鎖倒産に繋がりかねず、またロンドン、アムステルダムの支店でも取り付け騒ぎが起きた。ＳＶＢ英国支店はＨＳＢＣが１ポンドで買収した。

同行は18億ドルの損失を計上したが、その後、４２０億ドルが蒸発した。発端は３月８日、ＳＶＢは２１０億ドルの保有する有価証券を売却し、加えて22億５０００万ドルの増資を発表した。「こんなときに増資とは怪しい」と不安が拡がり、株価が暴落した。

あまつさえＣＥＯのグレッグ・ベッカーが個人口座から３６０万ドルを引き出していたことが発覚した。

預金保護の対象外はＳＶＢが86％、シグニチャーが90％、連鎖で株価暴落に見舞われたファーストレパブリック銀行は68％だった。後者は一時80％の株価暴落となった。

シグニチャー銀行の倒産は預金１０００億ドル弱で、倒産額としては史上３番目の規模。筆者の米国の友人の何人かが、この銀行発行のクレジットカードを所有していたことを思い出した。カードが使えないとなると日常生活にも影響が出るだろう。ま、平均的米国人は３枚ほどクレジットカードを使い分けているから、余計な心配は不要かもしれない。

ＳＶＢとシグニチャー両行あわせての預金は３０００億ドル。全米すべての銀行の預金は18兆ドル弱（ちなみに米国の赤字国債上限は31兆ドル）。

名門ドイツ銀行にも危機が迫った

3月15日にスイスの老舗、クレディスイス銀行の経営危機が報じられ、ただちにスイス国立銀行（中央銀行）とスイス金融市場監督局は、「米国の特定の銀行の問題が、スイスの金融市場に波及して直接的なリスクを及ぼすことはない」との共同声明をだした。「資本や流動性（資金）の要件を満たしており、スイス国立銀行が必要に応じて流動性を供給する」とひたすら沈静化にうごいた。

ウォール街の予言師。嘗てはＴ・ブーン・ピケンズと並んだ乗っ取り王のカール・アイカーンはテレビのインタビューに応じてこう発言した。

「これは平板な不況ではない。企業経営者と議会のリーダーシップに欠陥があり、未曾有のインフレに対応しきれず、現在の経済状況に最悪の欠陥がある。このままでは世界一の米国の経済が転覆する危険性がある」

２０２２年２月のロシアのウクライナ侵攻以来、クレディスイスは欧米のロシア制裁に伴い、オリガルヒの口座およそ１７６億スイス・フラン（約２・５兆円）を凍結した。これはスイス国内で確認されたロシア資産の３分の１を占める。ロシア人も中国の金持ちも、やっぱりスイス銀行が好きだったのだ。

欧州でも銀行株が軒並み下落した。

とくにドイツ銀行の株価は３割下落した。クレディスイス救済買収後も、次の信用不安の可能性に投資家は疑心暗鬼となったからだ。

ドイツ銀行の夥しい過去のスキャンダルのうち、幾つかの例を思い起こしてみよう。

２０１３年12月５日、日本の警視庁はドイツ証券（ドイツ銀行の在日証券業務拠点）社員が三井物産連合厚生年金基金の常務理事に対し、高額な接待を頻繁に行ったとして贈賄の疑いで逮捕した。

２０１５年12月15日、日本の金融庁は証券取引等監視委員会が検査の結果、ドイツ証券アナリストが東証１部上場会社の決算に関する情報を公表前に入手し、同社職員や顧客に伝えていた事実が認められたため、ドイツ証券に業務改善命令を出した。

２０１６年８月には、アルゼンチン支店をコマフィ銀行に売却した。これによりドイツ銀行は中南米市場から撤退した。

２０１７年４月には中国の海航集団がドイツ銀行筆頭株主となった。ところが、２０１８年に海航集団は倒産寸前となって独銀株を売却した。同集団は王岐山（前国家副主席）と密接な関係があり、ドイツ銀行が経営にふらつき赤字転落した折、ドイツのメルケル首相が訪中し出資を頼み込んだ経緯がある。

同年７月、中国の大富豪で米国に事実上亡命していた郭文貴が「ドイツ銀行の筆頭株主である海航集団が、中国共産党中央規律検査委員会書記・王岐山と関連する資金洗浄で米国政府に調査されている」と発表した。

『ニューヨーク・タイムズ』（２０１９年10月14日）は、ドイツ銀行ＣＥＯだったヨゼフ・アッカーマンが江沢民、温家宝、王岐山ら中国共産党幹部に贈賄や縁故採用などを行ったと報じた。その後、２０２３年３月15日になって、ニューヨーク連邦検察は中国共産党最高指導部の腐敗を告発し続けてきた郭文貴を詐欺などの疑いで逮捕、起訴した。

２０１７年にはロシア人の富裕層による数十億ドル相当の資金洗浄（マネーロンダリング）をドイツ銀行員が手助けした疑惑が生じ、罰金４億２５００万ドルの支払いを命じた。

『パナマ文書』の関連では2018年11月、マネーロンダリング捜査でドイツ銀行に総勢170人もの警察官や検察官、税務調査官らが家宅捜索に入った。

2019年7月、従業員の2割（18000人）の削減、株式売買業務からの撤退、リストラを実施していた。

日本ではドイツ銀行グループとして、ドイツ銀行、ドイツ証券、ドイチェアセットマネジメント、ドイチェ信託の4つが金融事業を展開している。2006年にソフトバンクがボーダフォン日本法人（現在はソフトバンクに完全統合）を買収したおり、みずほコーポレート銀行やゴールドマンサックス証券とともに、ソフトバンク側アドバイザリーとして共同主幹事を務めた。

2023年3月24日、ドイツ銀行株は前日比で9%安、2月末比で28%安まで下落した。銀行株は軒並み売られており、仏ソシエテ・ジェネラルが27%安、英スタンダードチャータードは25%安、オランダのINGグループは22%安となった。

こうした動きをウォッチしていると、2008年のリーマンショックを凌駕する規模の金融危機が迫っている予感がするのだ。

利上げを決めて、株価は下落

3月22日、米国連邦準備制度理事会（FRB）は0・25％の利上げを決め、4・75％とした。予想通り株価は下落した。

「こんな危機的状態なのにFRBが金利をあげて4・75％としたことは、よほど緊急秩序安定に自信があるのだろう」（『ザ・スペクテイター』誌、3月22日）

経済メディアの漫画にはスーパーマンの衣装をきたパウエルFRB議長がベッドに横になり熱に浮かされ唸っている風刺画に溢れた。香港では習近平を揶揄するプーさんの映画が上映禁止となった。銀行株、金融株はもちろんローン連鎖利上げで景気が後退するため住宅、建材、自動車販売なども軒並み下落した。

株式市場は長らくGAFAMがリードした。

かわっての略語はFAANGとTANDだ。

FAANGはフェイスブック、アマゾン、アップル、ネットフリックスとグーグル。マイクロソフトがネットフリックスに置換された。

TANDはテスラ、アクティヴィジョン、エヌビディア、ディズニーの総称でいずれも株価の牽引役だった。

こうした産業の新しい牽引役がいまの米国では見当たらない。それゆえに米国の金融危機は深化した。

とくに不動産ローンである。CMBSという不動産担保証券は商業地の地価上昇を見込んでいて、投資家に人気があった。コロナ禍でシリコンバレー企業の多くが在宅勤務、テレワークとなると、家賃の安さをもとめて、アリゾナ州へテキサス州へと人々の移動が続き、シリコンバレーでは不動産価格が値下がりし、商業用ビルのテナント空室率は29・5%になった。価格は過去1年間で25%下がり、銀行のリスクとなったのである。

CMBSは、このオフィスやホテルなど商業用不動産へのローンをセットにした金融商品であり、4・4兆ドル（580兆円強）の残高がある。

「すべてはトランプの所為だ」と左翼が問題をすり替え

米国のリベラルなメディアにSVBの倒産は「トランプの責任」との、こじつけ論が目立つ。議論を歪めるのは彼らの常套手段である。

２０１８年のトランプ政権時代に小規模な銀行（資産２５００億ドル以下）への監査基準が緩和されたのは事実だ。したがってＦＲＢサンフランシスコ支部もＳＶＢに対して「乱高下が烈しいハイテク企業への投資や暗号通貨保有」に関して何度か警告を発していたが、それまでだった。暗号通貨への投資が多かったのはニューヨーク基盤のシグニチャー銀行だった。

しかしＦＲＢには注意するだけで、それ以上の行政命令権は付与されておらず、法改正はトランプ時代だったとして、金融危機を招いたのは法律を緩和したトランプだ、と牽強付会な論理をリベラルなメディアが展開をしている。

「２０２２年7月にＦＲＢは全面的警戒を発し、ＳＶＢ幹部を呼んで話し合いを持ったが『金利が上昇するので大丈夫』と見通しを語ったとか。たしかに金利は上昇した。それは銀行経営を利したのではなく危機を深めた。２０２３年初頭、リスクマネジメントが必要と危機ランプが点った」（『ニューヨーク・タイムズ』3月21日から要約）

ＳＶＢの取締役会は２０２０年選挙でバイデンに１１９００ドルの政治献金をしており、ＣＥＯのグレグ・ブレィディイは個人的にも５６００ドルの献金をバイデン選挙本部に行った。このことはほとんど報じられていない。

問題は25万ドル以下の預金者の預金保護だが、ＦＤＩＣ（連邦預金保険公社）にはそれだけの資力はない。米国人の預金総額は18兆ドル（正確な数字は17兆９７５０億ドル＝邦貨換算で２３３６兆円強）。ちなみに日本人の預金好きは世界的に有名で、２０００兆円の金融資産がある。

米国では今後もずるずると地方銀行、小規模な銀行が経営危機に直面するだろう。フランスやドイツが試みたように、銀行国有化という最後の手段を唱える論客も出始めている。

ビットコインが世界に通用する時代は終わるのか？

今後の大問題はクレディスイスが起債したＡＴ１債（ＡＤＤＩＴＩＯＮＡＬ　ＴＩＥＲ　ＯＮＥ）が紙くずになることだ。

２月末時点でＡＴ１債保有が大きいファンドにラザード・フレール・ジェスティオン、ＧＡＭインベストメンツが運用する投資信託が含まれている。最大のファンドはサウジアラビア、ついでカタール政府ファンド、中国の富裕層もかなりの巨額を失ったと推測される。名門のピムコなどのファンドも大口債権者である。

悲観的なエコノミストはSVB、シグニチャー銀行の破綻が欧州へ飛んで、クレディスイスに及び、「いよいよ米ドル体制は崩壊し、いまは生命維持装置をつけているだけ」と主張している。論拠は米国赤字国債のうちの18兆ドルが海外の購入に依存しており、まさに過去30年の累積赤字と同額であり、この海外購入資金に枯渇がみられるからとする。

金融危機再来を目撃した投資家たちは一斉にゴールドへ走った。

23年4月4日、東京の金相場は史上最高値をつけた。

投資家たちは理論に従って金投資をしているわけではない。通貨価値はなぜ変動するのか。固定相場なら安心できるではないかという原則論はまったく顧みられない。金は紙幣のようにある日、突然紙くずにはならないからだ。

1971年まで米ドルは金兌換だった。ニクソン大統領が金本位制を離脱し、変動相場制に突入後は通貨が金融商品として投機の対象となった。たとえば2022年10月14日の1日だけをとっても、為替市場での取引が1000兆円を超えた。

もし手元にドル紙幣をお持ちだったら裏面を見ていただきたい。「この紙幣は金兌換です」とは書かれておらず、替わりに「IN GOD WE TRUST（神を信じるのみ）」と書かれている。サインは大統領でもFRB議長でもなく財務長官である。

為替相場を決める要因は第一に金利、第二に経常収支、第三が政治状況である。世界一低金利の日本の通貨が強くなることはない。

日本経済の自慢だった貿易黒字は資源輸入代金が円安で暴騰したため赤字に転落した。特許収入などで経常収支はかろうじて黒字だが、あまり円高圧力にはならない。であるとすれば日本円がやや持ち直しているのは「信用」なのである。

為替を固定相場とし、金本位に戻せば良いと古典的な正論を述べると、変動相場裨益組から猛烈な批判が浴びせられる。彼らが市場の多数派である。

しかし米国議会にもまっとうな論客が存在しており動きがでた。

米連邦議会下院のアレックス・ムーニー議員が「金本位制再現法案」を提出した。ムーニーはウェスト・ヴァージニア州選出の共和党議員。彼の法案は「財務省とFRB（連邦準備制度理事会）は全ての金保有と金取引を30ヶ月以内に公開」を求め、「その後、連邦準備制度理事会のドル紙幣は金との固定相場に移行し、FRBは新しい固定価格で金と交換が可能になる」とするもの。

ムーニー議員は「金本位制の復活がワシントンの無責任な支出、無からのお金の創造という無秩序から米国経済を守る」とし、「貨幣の価値を決めるのは官僚でなく、経済学によって形成される。米国経済は連邦準備制度理事会や無謀なワシントンの消費者に翻弄されることはなくなる」と主張した。

金本位制への復帰議論は1981年にレーガン政権が誕生した直後、「金問題委員会」が設置され、当時のジュード・ワニンスキらの論客を呼んで、突っ込んだ討議がなされた。しかし新資本主義とかグローバリズムの担い手のウォール街が、金本位制復帰を「古くさい」と強く反駁し立ち消えになった。

ムーニー議員の指摘は「ニクソン大統領の金本位離脱は『暫定措置』であり、従前の法律は有効だ」とする。ガソリン高騰などの物価高、インフレ、失業をもたらしたのも、金本位制度から離脱したのが遠因とする考え方である。

23年3月時点で、自動車ローンの金利は9・1％に跳ね上がっている（22年10月は5・8％だった）。

理論的に言えば通貨は固定制が望ましく為替差損は政府が負うのが経済学の基本ではな

かったのか。ところが実体貿易の数十倍もの投機資金が為替相場に投入されており、理論ではなく現実をみると、もし為替相場が固定制に戻ると仮定したら、猛烈な投機がおこるだろう。伝家の宝刀が抜けなくなったのが現状である。

ビットコインの運命は？

暗号通貨の代表「ビットコイン」の先も見えてきた。

２０２２年５月にビットコイン相場が絶頂から（22年４月の６４８９５ドル）下落し、３２６０１ドル。およそ50％の暴落を演じた。その後も下落を続け２万ドルを割り込み、ＳＶＢ倒産直後に投資家の狼狽買いがあって、一時期２万ドルを回復した。金を借りて投資していた中国人と韓国人に損害が出たという報道があった。

この時の暴落原因はＥＶ（電気自動車）を主導するテスラがビットコイン支払いを拒否したからだ。テスラはビットコインでの支払いを受け付けると発表し、自らも15億ドルを投じたばかりだった。

中国はデジタル人民元の普及を目標としているため、21年秋にアリババ傘下の「アント」（庶民銀行でデジタル決済）の上場を延期させ、同時にアリババに３０００億円の罰金を課した。さらに分社化を命じたため、先行きに不透明感が漂っていた。アントは消費者金融から手を引かざるをえなくなった。アリババのジャック・マーは海外へ出た。

Ｇ７財務相会議前後、主要国の中央銀行トップが申し合わせたようにビットコイン否定の談話を発表した。

ラガルドＥＣＢ総裁は「投機的な資産でしかなく、世界的規模で規制しなければならない」とし、ＥＣＢ幹部も「決済に多くは使われていない。ユーロ圏の金融機関も殆どは暗号通貨を保有していない。ＥＣＢが介入するほどのものではない」と問題外とする発言を繰り出した。

英国のジョンソン首相（当時）は「暗号通貨投資者は『自分で始末しろ』」と放言し、またベイリー英国中銀総裁は「暗号通貨には本質的な価値がない。投資すると資金を失う可能性を認識せよ」と発言、投資家の自己責任とした。

もっとも慎重なのは米国である。

ゲンスラー米ＳＥＣ委員長は「投資家保護が市場健全化に必要だ。詐欺や価格操作から投資家を守る規則がない」とした。

パウエルFRB議長は「リスクを抱えているので監視を強めるが、経済に浸透するほどには普及していない。夏までに暗号通貨発行の可能性とリスクに関しての見解を公表する」と慎重だった。米財務省は1万ドルを超える暗号通貨送金には報告義務を課した。かくしてビットコインの先は見えた。

中国人民銀行は「ビットコインの決済取引の停止」を発令し、直ちに中国国家発展改編委員会は取引所を閉鎖した。理由として、「電力消費が急増、カーボンゼロ達成が困難になる」と本質をはぐらかした。

ホンネは中国政府が早期導入を予定し、市場で実験を繰り返している「デジタル人民元」の普及にとって、ビットコインが最大の障害となるからである。

とはいえ、「上に政策あれば下に対策あり」の中国人、当局の裏をかく行動を続けている。

暗号通貨の採掘には膨大な電力消費をともなうため、比較的電力に余裕がある内モンゴル自治区などに取引所がある。またハッカーの身代金がビットコインなので、闇の交換業者が存在する。

当局と密売、闇取引。つまり金融マフィアとの戦いは続くだろう。

銀行はそもそも小さな共同体の相互協力から生まれた。それぞれが通貨を発行していた。資本主義の発展とともに銀行は国家的規模になった。

19世紀の銀行は取り付け騒ぎが頻発したけれど、救出措置は無かった。

そもそも米国には中央銀行がなかった。金融システムがないため信頼は組織レベル、個人レベルで維持されていたのだ。南北戦争以前には民間銀行が独自の通貨を発行し、信用が失墜すると預金者は預金を下ろした。取り付け騒ぎは日常茶飯だった。

1980年代初頭、イリノイ州コンチネンタル銀行が経営破綻に直面し、「大きすぎてつぶせない」と初めて救済措置が取られ、これが「救済文化」の台頭に繋がった。連邦預金保険公社はSVBの預金者に対して行ったのと同じように、大口預金者に無制限の保護を拡大した。

1980年代にS&L（貯蓄貸付組合）が破綻したときも救済措置が取られ、つまりは弱肉強食の米国資本主義が社会主義的な性格に変貌したのである。

S&Lは組合員の住宅資金用の貯蓄と貸付を目的として発展した金融機関だった。個人などから集めた短期の小口貯蓄性預金を、長期固定金利の住宅モーゲージローンで運用した。しかし商業銀行ではないため、小口貯蓄性預金には決済機能は事実上付与されていなかった。

2023年3月29日、米国上院財政委員会は、クレディスイス銀行が隠蔽してきた米国の納税者の家族が保有する1億ドルの口座に関して犯罪的陰謀を指摘した。

米国の実業家らが2億2000万ドル以上のオフショア口座を隠蔽する手助けをしてきた。クレディスイスが隠してきた口座は、それぞれ2000万ドル以上の価値があり、7億ドル以上が米国司法省との司法取引に違反してきた。

ヘッジファンドの損失からブルガリアのコカイン組織によるマネーロンダリングを防げなかったことによる罰金まで、長年にわたる問題を抱えているクレディスイスは、「脱税を容認しない」と述べていた。

金融恐慌への時限爆弾は静かに鳴っているのである。

コラム

カリフォルニアの治安悪化

2023年4月4日、サンフランシスコが拠点でビットコインなど暗号通貨の決済を含む大手「ブロック社」のCTO（最高技術責任者）のボブ・リーが刺し殺されるという事件が発生した。サンフランシスコの治安の悪さを物語る。おおくの市民は夜の外出を控えている。

ジェトロの現地報告を読むと驚愕することが書かれている。「サンフランシスコ市警察によると、2022年のサンフランシスコ市（人口約86万6000人）の犯罪件数は5万3485件で、2020年（4万4653件）、2021年（5万704件）と経年で増加傾向にある。内訳は多い順に窃盗3万5627件、車上荒らし6300件、住居侵入強盗5977件となっている。

懸念される犯罪として、車・住居への侵入（91％）、暴力犯罪（86％）、公共での薬物使用（83％）などが挙がった。また、65％は犯罪を恐れ、ベイエリアの大都市のダウンタウンに行くことを回避していると回答した。

カリフォルニア州では2023年1月に入り、ロサンゼルス郡のモントレーパーク、サンマテオ郡のハーフムーンベイで死者を出す銃乱射事件が発生した（いずれもチャイナタウンもしくは中国人共同体のなかだった）。不動産管理システム会社キャステールによると、サンフランシスコ都市圏のオフィス稼働率は23年1月18日時点で43％にとどまる。

万引きが多く、犯罪者が野放しな理由は、刑務所が満員で微罪は拘留しないからだ。以前は４００ドル以下の万引きはお目こぼしだった。いまは９５０ドル以下となった。このため大手ドラッグチェーンは経営不振となって53店舗から16店舗となった。

フーバー研究所が２０２２年２月２日に報告書を発表した。その概要は以下の通りである。

ホームレスに11億ドルを費やしているサンフランシスコでは１９０８６人のホームレスがいる。１人当たりの年間支出は５７０００ドル。サンフランシスコの住民の約２・２％がホームレス。全米平均の12倍以上。サンフランシスコ市当局はホームレスにホテルの部屋を提供している。そんなホテルが70軒。市当局がホテルに支払う費用は、じつに１億６０００万ドル！

この話を聞いてテキサスに不法入国した難民を、バスを仕立ててニューヨークに送り込んだところ、ニューヨーク市当局はシェラトンなど一流ホテル（１泊５万円以上）を臨時に提供したため、市民からの不満ばかりか、ホテルが不潔になったうえ食い散らかした食事のゴミなどがあふれ、「ニューヨークからもでていけ！」となった。

サンフランシスコ市はリベラル左翼の牙城で、しかも市民の5分の1は中国人である。慰安婦像を受け入れた時の市長も中国人だった。抗議しても蛙の面だったので大阪市は姉妹都市を終わらせている。当該市長は2017年に急死した。市長選挙では1964年以後、共和党が勝ったことがなく、歴代が民主党で現在の市長ロンドン・リード(黒人)。2004年から11年まで市長を務めたギャビン・ニューサムは、現在のカリフォルニア州知事だ。

ニューサムの評判はかんばしくなく2022年にはリコール運動がおきて150万の署名が集まったほど。バイデンとハリスが応援に駆けつけ、リコールの危機をすり抜けたので、2024年に「バイデンがでるなら私は出ない」と言っている。

同じカリフォルニアはロサンゼルスの話、4月4日にロサンゼルス郡監督委員会は、刑務所に収容中の犯罪者を大幅に減らすため、受刑者の釈放政策を提案した。「ロサンゼルス郡の刑務所の精神保健サービスと過密状態は人道上の危機である」などとし、解決策は刑務所の収容者数を減らすことを優先するとして「保釈金を5万ドル以下に設定して次々と釈放する」のが提案の骨子だ。ロスでは犯罪が増加し2022年には、住民1000人あたり54件の犯罪が報告された。前年比11%増。なかんづく、ダウンタウンでは住民1000人あたり372件の犯罪が発生した。リトル東京もダウンタウンにあったがいまや見る影もなく、ニューオータニが早々と撤退し、日本食レストランも多くが閉店し、あたりは今ではコリアンタウンに変貌している。

「このキャッチ・アンド・リリース・プログラム」はバイデンが実行してきたもので、トランプがメキシコ国境に築いた高い壁と厳重な国境管理の下では不法入国は激減していた。トランプ政権誕生以後、1000万人がアメリカに不法入国した。

第2章

米国は中国に勝てるのか？
——GAFAMの黄金時代は終わった

ハイテク産業に未曾有の不況

2022年が終わろうとするころ、クリスマスどころではなくなった人々が巷に溢れた。ハイテク企業社員の大量解雇がシリコンバレーを中心に発生していた。

栄光と繁栄で輝いていたシリコンバレーでSVBの経営危機が伝えられていた。そのうえ、先に述べたように、テレワークの進展に伴い、高い家賃と規制の強いカリフォルニア州からテキサス州などへの人々の移動が大規模に発生していた。

メタが1・1万人を解雇、つづいてアマゾンが1・8万人（追加で9000人、合計2・7万人）、グーグルはプロジェクトを半減し、レイオフを準備。ツイッターはイーロン・マスクが買収し、左翼的な社員の半分以上が去った。さらに業務の効率化をはかったのでツイッター社員は4分の1近くまで減少した。関連企業や下請け企業にも解雇の余波が襲い、彼らが食事に通ったレストランも閉店になる。

産業のコメといわれた半導体も不況の波に襲われ、大手9社が減益減収を発表した。半導体不況は産業の根幹を震撼させる大問題ではないのか。

2023年の第1四半期の売り上げ予測はマイクロンが51％減、SKハイニックスが50％、インテルが40％、エヌビディアが22％、クアルコム18％、サムスン15％、テキサスインスツルメントが11％、AMDが10％、台湾のTSMCが3％減と予測された。

不況、インフレ、中国との貿易激減、サプライチェーンの寸断、需要の大幅な後退に拠るのだが、とくにパソコン、スマホの買替え需要が予測を下回った。消費者を強烈に引きつける新製品が少なく、加えて値引き競争が収益を悪化させた。

半導体メモリーはデータ量が増えても価格は30％減。この動向は株式市場に露骨に反映され、ハイテク企業の株価は急速に下落を始めた。悪循環が始まっていた。

この時期にFRBは利上げを断続的におこなった。

過熱気味のインフレを抑制したのだが、かえって景気を冷やし、マネー供給を縮小、通貨政策が裏目に出始めた。金利が上がれば住宅ローンの需要が減る。銀行借り入れの多い企業は金利負担が重くなる。米国景気の重大な指標は新規住宅着工指数だが、明確に落ち込みが始まった。

これは、エコノミストがつねにウォッチしている大事な指標である。かりに住宅購入資金の一部として1000万円を1・5％程度でローンを組んだ人なら、年利は15万円で済む。FFレートが4・75％（23年4月現在）となれば、住宅ローンは6％以上に跳ね上がり、一年の金利は60万円。となると不動産購入が激減するのは目に見えている。案の定、米国経済の最重要指標である新規住宅着工指数が激減した。

米国人は預金の枠内でのクレジットカード使用を制御しない。銀行とクレジットカード会社にとっては、消費者が残高ゼロとなってもカードを使えば、自動的に貸し付けとなり、金利を稼げる。ところが米国の消費者はインフレも加わって消費マインドを減退させていた。クリスマス商戦は低調だった。

この悪性スパイラルが銀行を直撃することになった。

●TSMCアリゾナ工場の行く手に拡がる雨雲

半導体技術の世界一は台湾のTSMCだ。次世代の半導体は3ナノ、2ナノの世界となる。米国はこのハイテクを台湾で生産するより国家安全保障を楯に、半ば強引にアリゾナ州へ工場を誘致した。なにしろ次期戦闘機F35の部品にも、台湾TSMCの半導体が使われる。

背景に何があるかと言えば、中国の台湾侵攻の可能性である。もし侵攻があるとすれば、中国はＴＳＭＣの最先端工場をそのままあんぐりといただく考えをはっきりと示しており、ならば米軍がその前にハイテク工場を破壊してから去る、という驚くべきシナリオが存在する。

メディアが伝えないが、このシナリオはタブーとされており、信じられない暴挙と考える向きがあるかもしれないが、じつは真剣に米軍関係者の間で討議されている。そうした内部文書も出回っている。米軍がアフガニスタンを撤退するとき、ハイテク兵器を破壊したように。

ＴＳＭＣの当初の計画ではアリゾナ工場への投資は１２０億ドルだった。トランプ政権は補助金を約束し、それが後押しとなった。２０２０年にＴＳＭＣは米国への新工場投資を決めた。

あまつさえ第２工場の建設も決まり、投資は４００億ドルを超える。２０２２年12月6日の工場第１期開所式にはバイデン大統領、レモンド商務長官、アリゾナ州知事にくわえ、アップルのクックＣＥＯ、ＡＭＤ、エヌビディアのＣＥＯも参列したほどの豪華さだった。

工場はフェニックスの北部、サボテンの曠野だったが、いまでは開拓が進み、気候が温暖なので野球チームのキャンプに使われるあたりである。筆者もアリゾナ州に取材に行った経験があるが、住宅開発が進む一方で、郊外にはコヨーテの出没も話題だった。ロスから飛行機で1時間、フェニックス空港はてっきり田舎の草深い飛行場と思っていたら、成田空港より大きいのでビックリした。

さてアリゾナ工場への400億ドルにもおよぶ投資が「悪い決定だった」と書いたのは『ニューヨーク・タイムズ』なのである。

行く手に拡がる雨雲とは何か？

第一にTSMCが本拠とする台湾とは異なり、米国での労働条件と賃金を比べての生産効率が悪く、投資に見合う結果をもたらすであろうか、という経営管理の疑問である。

第二に台湾から数百人のエンジニアが米国へ赴任することになるが、発給ビザの問題に加えて子供たちの学校問題があり、それればかりか、現地手当として台湾における給与体系に上乗せされても米国のインフレには追いつけない（脱線だが、米国の物価高は深刻である。チップを含めて昼飯に5000円は常識、煙草は1箱2000円、地下鉄もニューヨークだと初乗りが450円。場末のホテルでも1泊が税込で2万5000円！　だから日本へ来ると「安い、安い」の連発となる)。

第三に米国は米国を基軸とする国家安全保障の観点から、ハイテクの輸出規制を強化するが、一方でインテル、クアルコムなどの半導体輸出は全面禁止ではなく許可制だった。つまりザル法に近かった。23年3月から少し規制が強化された。

第四に半導体需要に陰りが目立つうえ、今後は日本、韓国勢の追い上げがある。米国の対中禁輸措置とサプライチェーンの寸断だけが原因ではなく、世界的に半導体のニーズが減って需給バランスが大きく後退している。

バイデン政権の地政学的価値観と、TSMCの商業としての競合に勝つという戦略とは出発点が大きく食い違っている。

「絶望という名のAI」か、「希望という名のAI」か

AI、IoTという新語がメディアに頻出した一時期があった。

スマホが携帯電話をこえて主流となり、パソコンは小型化、多機能化して海外でも通信ができる。世界のニュースを同時に共有できる時代となった。新聞社、通信社は当然だ

が、たとえば筆者なども台湾選挙取材ではホテルから原稿をパソコンで送信する。20年前はファクスで送稿していたことが、大昔のような気がする。

ＩｏＴとはあらゆるモノ、事象がコンピュータに繋がるという意味だ。

企業が業務の効率化、製造の技術革新と合理化を目的に力をいれている。ＡＩ、ＩｏＴがつぎの社会を築き上げようとしている、未知の、しかし確実にやってくる社会への対応である。

ＡＩ（人工知能）は将棋、囲碁、チェスのチャンピオンを負かした。この程度のことに驚いてはいけない。運搬や塗装などが専門だったロボットは愛玩、介護ロボットなど実用段階から、やがて兵隊に代替する軍事ロボットになる。中国、ロシア、米国ではこの方面の研究開発が進んでいる（筆者が『軍事ロボット戦争』を書いたのは１９８４年、当時、防衛関係者から「漫画の世界か」と笑われたものだった）。

現にドローンはＡＩを積み込み、高精度のカメラを搭載して山奥でも洞窟に潜む敵でも見つけ出し、殺害できる段階にあるし、無人の潜水艇がテスト遊弋している。アルカーイダのナンバー2だったテロリストを米軍は隠れ家をつきとめドローンで殺害した。イランの革命防衛隊のボスも同様に。

自動車がＡＩによって無人化し、いずれ製造業もロボット労働者が主流となる。日本は人手不足を嘆くが、大工さんをのぞいて単純労働者は不要となる時代がすぐそこまで来ている。山間部や島嶼では宅配便もドローンがこなす時代だ。

しかしながら失業が激増すれば社会は暗くならないか？

ＡＩは必ずしも明るい未来を運ばないのではないのか。それればかりかＡＩが悪用され、世界的規模のサイバー・テロが起きると、英米の諜報関係機関が警告しはじめた。

もしサイバー攻撃で銀行や製造業が機能停止となれば、コンピュータで成り立つビジネスは壊滅的な被害を受けるだろう。国家の壁を越えてコンピュータは世界のテロリストを育て、想定されなかった場所で大規模なテロが起きている。

かくして究極的な問題は「２０４５年にＡＩが人間を超える」（これが「シンギュラリティ」問題）と予想されることだ。『猿の惑星』という架空の娯楽映画が、リアルな世界となる懼れがある。つまりホモ・サピエンスが機械に指令されるシナリオの存在である。

マイクロソフトのＣＥＯが発言しているように「そのときはＡＩを破壊しなければならない。あくまで人間のために開発している」

「絶望という名のＡＩ」か、「希望という名のＡＩ」か、それが問題である。しかし日本ではこの種の議論が真剣になされてはいない。ロボット先進国としての日本は産業ロボットに集中したが、その技術を盗んだ中国は軍事ロボットに転換したのだ。

かくして日米両国はドローン、顔識別、5Gスマホ、監視カメラなどで中国に後れを取った。西側はプライバシーを尊重するために規制がかかったことが主因である。

他方、全体主義国家のチャンピオン、中国の狙いはズバリ軍事的覇権と国民監視体制の構築であり、民生用の開発に力点を置いていない。中国ではプライバシー保護という概念は最初から存在しない。

ドローンの軍事転用はすでにペルシャ湾や紅海でタンカー攻撃に使用された。ウイグル自治区では監視カメラの威力が発揮され、欧米が人道に悖ると批判しても中国は馬耳東風である。

筆者の周囲を見れば、「いま4Gスマホさえ、ろくに使いこなせないのに5Gなんて必要ない」という意見が圧倒的だが、中国は軍事利用のため開発を急ぐのだ。とはいえ5Gスマホが中国で早々と売り出されたが、宣伝されたほど高速でもなくデータに繋がりにくいのに高価だから不評だった。

６Ｇ開発で日米が連携へ

米国の巻き返しは日本と組み、まずは「５Ｇ」の次＝６Ｇに照準を合わせる。トランプ前政権は５Ｇの基地局などで中国に先を越されたと認識し、ならば「その次」を狙いだしたのだ。「６Ｇは絶対に中国にわたさない」と。

そのためには次々世代の技術を先に開発し、基本特許を押さえる必要があり、日米の連携が急がれることとなった。

具体的にはＮＴＴとソニー、米インテルが連携し、光で動作する新原理の半導体開発などで協力する。１回の充電で１年持つスマートフォンの実現、とくにＮＴＴは消費電力が１００分の１となる光動作半導体の試作に成功している。またＮＴＴは「アイオン」ネットワーク構想を世界標準とする戦略目標を掲げ６Ｇ開発競争で一方の主導権を握ろうし、同時に５７００ヶ所の自社ビルに蓄電して電力網も構築する。

日本が５Ｇの研究開発と実用化に立ち後れたのは、半導体の基本特許を米クアルコムに、基地局特許をフィンランドのノキア、スウェーデンのエリクソンに先行されたからだ。

スパコンでも中国に追い抜かれた日米だが、グーグルは世界最高速のスーパーコンピュータが1万年かかる計算を「量子コンピュータ」が3分20秒で解くことに成功して巻き返したと発表した。これは画期的な朗報である。

「地球から最初に飛び立ったロケットに匹敵する成果だ」とピチャイ（グーグルCEO）は胸を張った。

「量子コンピュータ」開発に最も力点を注ぎ、カネと人材を投入してきた中国だが、究極の目的とするのは次期軍事技術開発である。

このため量子力学の研究者を世界中でスカウトし、社会科学院所属の「量子技術研究開発センター」の着工に踏み切った。安徽省合肥市に37ヘクタールの敷地を確保して膨大な予算を投じ、最近はAI潜水艦の開発などの専門家を集めた。

一方、米国の先端技術はペンタゴンが主導しており、日米提携といっても軍事分野に踏み込めない日本としては、提携に限界があることを覚悟しておくべきだろう。

この関連でTikTok禁止への動きを見るべきである。

すでに2020年8月にトランプ大統領はＴｉｋＴｏｋ利用を禁止する大統領令を出している。ところが21年6月にバイデンは、トランプ大統領令を撤回するというドタバタがあった。

2022年12月にＴｉｋＴｏｋの親会社バイトダンスが記者等のデータを不正に入手し取材源の特定をしていた事実が判明し、ＦＢＩが本格捜査に入った。

連邦政府所有のＴｉｋＴｏｋ使用を禁止する法案が下院で可決され。さらに23年3月1日に下院外交委員会は米国内での一般利用も禁止する法案を可決した。

ワシントンの空気はスパイ気球問題で火が付いており、米軍施設を精密に撮影してリアルタイムで中国に画像データなどを送っていたことへの怒りが渦巻いていた。このタイミングで、ＴｉｋＴｏｋからもデータ情報が流失していたと騒ぎだした。

3月23日、下院エネルギー商業委員会はＴｉｋＴｏｋの周受資ＣＥＯを喚問して公聴会を開いた。まるで魔女裁判のようで中国への冷たい空気が議場を支配した。

周は「いかなる政府からも影響を受けておらず中国政府の幹部と一度も話をしたことはない。また中国政府がデータにアクセスしたとの証拠もない」と真っ向から否定した。

ＴｉｋＴｏｋは米国で1億5000万人を超える利用者がいる。ものすごい数である。

なかんずく、若者に根強い人気があるため民主党は選挙対策としても微温的な態度だった。解決案はＴｉｋＴｏｋを米企業に売却することだが、周受資は「米オラクル社と協議し、米国人のデータは米国の法律と規則に従い厳正な管理体制を構築する」とした。

同委員会のロジャーズ委員長は「中国共産党はＴｉｋＴｏｋを米国全体を操作する道具として利用することが出来る」としたうえで、「たとえ所有者が変わってもそれが基本的な懸念に対応することにはならない」と発言した。

親会社のバイトダンスが株式売却をしなければ、バイデン政権としても全面禁止に踏み切らざるを得ないという雰囲気だが、じつはＴｉｋＴｏｋはいったい誰が究極のオーナーなのか曖昧で、法律の盲点を付いた会社なのである。

結局、このつるし上げ公聴会は5時間半もかかった。報道陣で議場は最後まで満員となった。

根っこにあるのは、ＴｉｋＴｏｋのような新システムを米国企業ではなく中国企業に先を超されたという焦燥と嫉妬、反感が織り混ざった米国人の感情にあり、おりしもスパイ気球で世論が中国に激昂していた時期と重なった。

私はこの公聴会を聴いていて魔女裁判を連想したのだった。

ＥＶはリチウム不足、サプライチェーンの寸断を克服できるか

中国がレアアース製造技術の輸出を禁止する準備に入った。もっとも悪影響がでるのはＥＶ（電気自動車）である。

ＧＡＦＡＭと代替できる新しい産業牽引者は、ならば環境、代替エネルギー、ＥＶとなるのか。

すでに太陽光パネル、風力発電は中国が市場を席巻している。ＥＶも中国が生産世界一の座を早くも確保し、リチウム電池はやっぱり中国が主導的である。

いったい米国は何をしているのか。

テスラは好調だが、ＥＶ（電気自動車）の決まり手は電池である。技術はともかく原料はどこにあるのか。産地の安全はどうなっているのかという問題が付随する。

「リチウム・トライアングル」とは南米のアルゼンチン、チリ、ボリビアである。世界のリチウム埋蔵の過半を占め、米国地質調査所（ＵＳＧＳ）の推定では地球全体に８８００万トンのリチウム埋蔵があるという。昨今、リチウムは供給不足に陥り、価格は急騰し

た。リチウムは電池の中枢資源でＥＶに欠かせない。

またブラジルとアルゼンチンは自動車製造の経験があるが、中国の自動車メーカーが先駆けて、アンデスのリチウム供給を確保せんとして、アルゼンチンにＥＶとリチウム電池工場を建設する。投資は４億ドルだ。

現在、世界のリチウム電池生産は中国が70％のシェアを寡占している。中国各地にリチウム電池工場が新設されており、ＧＭと中国企業の合弁工場も商談が進捗していたが、バイデン政権の中国敵視政策への転換で中止となった。

中国の「ガンフォンリチウム社」は大手リチウム採掘会社から発展して、リチウムの精製・加工およびバッテリー製造で世界最大。おなじく中国の「コンテンポラリー・アンペレックス・テクノロジー（ＣＡＴＬ）」は世界上位２社のＥＶ用バッテリー製造会社。日本の「パナソニック」は世界上位３社に食い込んでいる。豪企業が４位で、米国の「リベント」は第５位。

現在のリチウムの生産方式では水不足、土壌汚染など環境問題を深刻化させており、新しい生産技術開発、ならびにリサイクル率の引き上げが必要である。

誰が米国を弱体化させたか

このような中国の動向をみると、「米国よ、中国に勝てるのか」という根本の疑問がわく。そこで今の米国の国内状況を見ていきたい。

米国政治は分裂症候群という時限爆弾を抱えている。

明らかに米国は病んでおり、かつ衰退過程にある。ヘゲモニーの喪失が次の世界史にいかなる影響を与えるか。米国の軍事外交戦略を観察していると、中国の覇気に比較して明らかに見劣りがする。

従来の米国像は予想外のスピードで変身しており、いまや血液型が変わったかのようである。

こんな体たらくで中国に勝てるのか？

曾て米国は「ワスプ」（ホワイト、アングロサクソン、プロテスタント）の国と言われた。いまやプロテスタント諸派が乱立分裂しているため、バイデン大統領がカソリックであるように、少数派だったカソリックが政治的に大きな力となった。そのうえ白人はかろうじて多数派であっても少子化の速度が速い。

逆に黒人、ヒスパニック人口は増えつづけ、加えてアジア系の移民の膨張が凄い。ワスプから少数派と拮抗する人口動態に変化し、それぞれが圧力団体、利益集団を形成して方向違いの主張を唱え、お互いに譲らない国になった。「和」の精神はない。つねに「対立」がアメリカ人のモットーであり人生観だ。

各派が入り乱れ、激しくいがみあっている。イスラムの影響も拡大し、亀裂から分裂国家の様相である。

「古き良き米国」は何処にもない。偉人たちの銅像を破壊するなどキャンセル・カルチャーが蔓延した。建国以来の歴史は否定され、「白人原罪論」という強迫観念が憑依した。まるで大東亜戦争は日本だけが悪いとしたWGIP（ウォー・ギルト・インフォメーション・プログラム）の洗脳にやられた戦後日本人の歴史認識と同じである。

もちろん、黒人を奴隷として酷使し差別した過去への逆襲という側面もある。60年代の米国ではバスも公衆便所も白人と黒人とは別々だった。大學に黒人が入るのはたいそう難しかった。ハリウッド映画は白人が必ず主役で西部劇や戦争映画が主流だった。シドニー・ポワチェが初の黒人主演映画俳優だった。

近年、ハリウッド映画はほとんど黒人が主役となり、そのうえアクション映画にまで女優が登場している。つい先日までアクション映画といえばアーノルド・シュワルツェネッガー、ブルース・ウイルス、シルベスター・スタローン、トム・クルーズたちだったが、いつしか香港の空手俳優、それに悪のりしたスティーブン・セガールら。そしてアクション女優は『ワンダーウーマン』の主演女優ガル・カドットはイスラエル軍人出身。『マーベラス』主演のマギー・Qなんて女優、知ってますか？　母親はベトナム人、モデルデビューは東京だった。

アファーマティブ・アクション（黒人雇用比率を制度化）に続いて、70年代から興ったフェミニズム運動が暴走しはじめ、ジェンダーギャップは確実にあるのにミスター・ミセス、ミスの区別をやめろと言い出した。

MXと命名され（ミックスと発音）、トイレの男女区別をなくそうという。男が女になってスポーツ賞金を獲得しても文句が言えない空気がワシントンを支配している。価値観の転倒という単純な問題ではない。国家のありようがひっくり返っているのだ。

「われわれが99％」という富裕層批判の運動はウォール街に座り込んだ。BLM（ブラック・ライブス・マター）が爆発し、少数派が「正義」となると、黒人の犯罪に警官が見て見ぬふりをするようになり、シカゴなど治安は極度に悪化した。

サンフランシスコは金門橋を背景に新婚旅行のメッカだった。遠い昔の話になった。いまや極左活動家が勢揃い、保守の人々は窒息寸前。略奪、麻薬、犯罪、ホームレス。都市が崩壊の真っ只中にある。そのうえ、地元のSVBが倒産し、状況はさらに悲惨となった。

サンフランシスコ市当局は、今後7億8000万ドルの赤字を予測している。2023年第1四半期、市のオフィス空室率が過去最悪の29・5％になった。何万人もの技術者のレイオフが続いており、オフィスビルの空室率は史上空前である。

ことほど左様にシリコンバレーの近未来は暗雲が立ちこめている。

「大統領の下に団結する国」だったが

米国は「大統領の下に団結する国」だった筈だが、いまでは「大統領が分裂の音頭を取る国」となった。バイデン誕生直後に筆者が上梓した拙著の題名は『バイデン大統領が世界を破滅させる』（徳間書店）だった。

１９８０年に登場したレーガンには親和力がそなわっていて反対派との対話を重んじたけれど、狡猾なクリントン時代になると政治風土はささくれだち、共和党vs.民主党の対立はイデオロギー的に先鋭化した。従来の価値観を壊す流れにオバマが拍車をかけ、バイデン政権は国家破壊路線を驀進している。

まさに米国のなかに別の国々が存在している。まして米国のハイテク先進地区の地図が変貌し、カリフォルニアからエリートらがアリゾナ、テキサスへ移住し続けている。一方で国内にアフリカの最貧国並みの地区があり、アフガニスタンのような治安の悪い州がある。

レーガン以後の閣僚人選の特徴とは能力とは関係なく人種別配分式となり、要職、とくに財務長官はウォール街指定席だが国務か国防に黒人起用があり、以下、ヒスパニック、アジア系、女性に配分される。

かつてロシアアカデミーの有名な学者が「米国は６つに分裂する」と具体的な地図を明示して唱えたことを思い出した。

それによれば、東海岸（リベラルの牙城。ＥＵに接近）、中西部（キリスト教信徒地区）、ラストベルト（最貧地区）、西海岸（進歩的独立国家風）、アラスカ（ロシアへ返却）、ハワイ

（中国へ譲渡）に分裂するという。

人口動態の急変は右シナリオの現実味を鮮烈に物語る。リベラルな州から富裕層がフロリダ州などへ逃げ出した。シリコンバレーは家賃が半減されてもテナントが埋まらなくなった。これはコロナ禍のテレワークだけが原因ではない。カリフォルニアから20年に75社、21年に153社が去った。原因は高い所得税、強すぎる規制、人材難に直面したからだ。

「リベラル御三家」はカルフォニア（規制強く、税金が高い）、ニューヨーク（税率52％）、イリノイ（シカゴの極左化。人材難）。同様にマサチューセッツ、ニュージャーシー、コネチカット州がつづき、反対に「サンベルト御三家」とはトランプ大統領の別荘があるフロリダ州、第2のシリコンバレー化しつつあるテキサス、そしてテネシー州、これにアリゾナ、アイダホ、ミズーリなどが加わる。

とくにテキサス州への本社移転が目立ち、テスラ、トヨタが本社をテキサス州へ移転した。このためオースチン、ダラスで顕著な人口増が見られる。気候のよいフロリダ州は引退した老人の隠居生活者ばかりではなく、州のGDP成長率たるや17％。所得税がゼロだからだ（ただし法人税、州税などはしっかり取られる）。

バイデン政権は失業保険より現金支給という奇妙な制度を推進した。そのうえ選挙対策のため大学授業料免除の動きがある。

なお、カリフォルニア州の時給は最低15ドル、現在は22ドルだしてもレストランなどに人が来ない。原因は「働いたら損をするシステム」になったからで低所得層の労働参加率は36％しかない。米国の後追いをする日本も少子化対策、育児に所得区別をなくして現金支給に踏み切る。少子化を防ぐには政策が補完する効果があるとはいえ、本質的には人生観の問題だろう。

意外なのはバイデン大統領の地元、デラウェア州だ。人間の居住者よりも多くの企業（公開・非公開）が登録している。

人口90万人なのに、企業登録は95万社を突破している。節税対策にくわえてデラウェア州に本社登記が持て囃される理由は、M＆A回避、とくに州法がＴＯＢなど敵対的買収を規制しているからだ。

同州のウィルミントン市北オレンジ通りにある小粒のビルに31万社が登録、ペーパーカンパニーの代表名義は弁護士で所有者の情報は不要だからだ。

米国にも中国にも伏魔殿

こんなタイミングで、バイデン一家の腐臭に満ちた金銭スキャンダルの具体的な数字、金額が暴露された。

米国政治にはいたるところ伏魔殿、謎も深い。

バイデン大統領の義娘、ハリー・バイデンが、息子のハンター・バイデンが中国のエネルギー会社から300万ドルの電信送金を受け取ったカネの分け前にあずかっていた。ハリー・バイデンはボー・バイデン未亡人。夫の死後、義兄のハンター・バイデンと濃密な関係が噂された。

下院監督責任委員会の調査で、バイデン一族は中国企業からの電信送金により、3ヶ月間で約100万ドルの支払いを受け取ったという。具体的にハリー・バイデンは2017年3月1日に中国企業のエネルギー会社から数百万ドルを受け取った後、ウォーカー名義の得体の知れない会社から合計3万5000ドルの支払いを2回受けた。ちょうどバイデンが副大統領の任期を終えたタイミングだった。

弟のジェームズ・バイデンと息子ハンター・バイデンが関与した企業にも中国からの振り込みがあった。17年に300万ドルの電信送金が決済され、その後も「バイデン」と特定される口座に謎の人物、ロバート・ウォーカーが所有する会社から送金があった。「銀行の記録からバイデン一族は中国の電信送金から得た資金のおよそ3分の1を受け取ったようだ」と委員会が報告した。

そんなことで驚いてはいけない。

中国の伏魔殿では共産党高官の腐敗、堕落はもっと凄いことになっている。

2023年3月28日、米検察当局はFTXの創業者、サム・バンクマンフリードを贈賄罪で追起訴した。中国高官へ4000万ドルの賄賂を送金していた容疑が固まったからだ。バンクマンフリード被告はすでにFTX破綻に関連した不正取引など13件で起訴されている。

マッチポンプの可能性なきにしも非ず。

まずは中国当局がFTXの関連口座を凍結した。その取引口座凍結の解除を求めるに中国高官はFTXに対して4000万ドルの賄賂を求め、バンクマンフリードは暗号資産で送金したのである。起訴状によると、同被告は10億ドル以上の暗号資産を持つヘッジファンド「アラメダ」の口座凍結解除を中国政府当局に依頼した。

このためアラメダのメイン取引口座から中国高官の秘密口座へ4000万ドルの暗号資産を支払うよう命じたとされる。悪徳高官の手数料は4％、安いもんだろう、と言うわけだ。

こうした伏魔殿の秘密を暴露し続けた人物がいる。

中国共産党高官の汚職、不正蓄財、醜聞などをニューヨークの自宅からユーチューブ等で次々と暴露し、一時はトランプの右腕だったスティーブ・バノンとも組んで世界の有名人となった人物は郭文貴である。郭文貴も米国を舞台に詐欺を展開した。

2023年3月15日、米司法省は11の金融詐欺容疑で郭文貴を逮捕し、係争中の豪華ヨットをさし押さえた。被害総額は10億ドルになるという。2014年に郭文貴は米国へ移住し政治保護を求めて妻、娘とともに亡命を申請していた。

ちょうど「習近平独裁1・0」が開幕した時期と重なり、高官等の腐敗を暴露し続けた。ニューヨークでは豪華コンドミニアムを購入し防弾ガラスに換えた等と主張していた。

この時期、権力の交替とともに中国国内でも江沢民派の高官たちが片っ端から逮捕され、郭の相棒とされた肖建華が「行方不明」になっていた。さらには胡錦濤の大番頭だった令計画が失脚、実弟の令完成は機密書類をもって米国へ亡命した。

令計画は2016年に無期懲役が確定、肖建華は香港から拉致されて数年間行方不明だった。22年に突如裁判が開かれ、懲役13年と発表された。

『ウォールストリート・ジャーナル』のこれまでの報道では、郭文貴をFBIと米国証券取引委員会（SEC）ならびに司法省が、関係企業を詐欺の疑いで捜査していた。ネットの金融詐欺、マネーロンダリングなどの犯罪容疑を固め逮捕に踏み切った。相棒の余建明も同時に逮捕された。

今後の裁判の過程でかれらの犯罪もさりながら中国共産党高官らの凄まじい腐敗の実情、その伏魔殿の真相はどこまで暴かれるか。

4月初旬になって郭文貴が弁護士を通じて保釈を申請した。保釈金は2500万ドルで、500万ドルを現金でそろえ、残金は保有する豪華ヨット、フェラーリなどを担保とする。

郭文貴所有のフェラーリは350万ドル。豪華ヨットは3700万ドルと言われる。これらの資産はすでにFBIに押収されている。

郭文貴は２０２０年に反中国共産党の「新中国連邦」（財団なのか任意団体なのかは不明）を立ち上げ、米国内で政治キャンペーンも開始した。中国の海外派出所の監視対象とされるが、中国之春、北京之春、民主中国陣線などは健在である。

郭文貴が米国へ逃亡後に発信した「怪情報」はやまのようにあるが、王岐山が女優のファンビンビンを愛人にしていたとか、ＳＶＢに大金を預けていた中国の大金持ちのなかには、たとえばＳＯＨＯ開発であてた潘石屹らが含まれているとか、真偽の確認が出来ないものが多い（北京のＳＯＨＯは六本木ヒルズ開発のような大型の新商業区を意味する）。

スティーブ・バノン（トランプ政権で首席戦略官）と共同で郭文貴がファンドを立ち上げ、これが10億ドルの詐欺に結びついたとされて、３月15日の郭文貴豪邸の捜索には１００名のＦＢＩが投入された。

その捜索中に火事が発生したので、「遠隔操作による放火」などとする怪情報も流れた。バノンの逮捕は２０２０年のことで、郭文貴のヨット上だった。トランプは離任直前、バノンに恩赦を与えた。

米国主導だったグレートゲームは終了する？

２０２４年の大統領選挙でもし民主党が勝てば、米国主導だったグレートゲームは終了してしまうだろう。現にそうなりつつある。

その第一のヒント。盟友だったサウジアラビアが米国に叛旗を翻しつつあることだ。

２０２２年7月15日に、バイデンはサウジを訪問し、首脳会談では原油の「増産」を要請した。しかしサウジアラビア政府は声明で「両国は国際的な原油市場をめぐって、定期的に意見を交わすことで合意した」とだけ述べた。

「人権」を重視する米国リベラル思想をせせら笑うサウジは、いよいよ反米の立場を鮮明にした。これで１９７４年から成立していた「ペトロダラー体制」は風前の灯火になったのではないのか。

２０２２年7月16日にはジッダでGCC＝湾岸協力会議の加盟国や、イラクなど9ヶ国首脳との会合に出席したバイデン大統領は「米国は今後も中東に積極的に関与するパートナーであり続ける」とし、関与継続を唱えるとともに各国に原油の増産も呼びかけた。

米国の要請に聞く耳を無くしたサウジアラビアは、同年10月に「ＯＰＥＣプラス」に呼びかけ、日量２００万バーレルの減産で合意していた。この間、ダボス会議で演説したサウジ財務大臣は「従来の同盟国への援助形態を変更する」と爆弾発言をしている。今後、無条件で隣国エジプトの軍事政権の安定に資金の提供はしないと示唆したのである。だからシシ大統領は慌ててサウジへ飛んだのだ。

その一方で険悪な関係に陥っていたトルコへの姿勢が変わった。サウジの反体制ジャーナリストのカショギがトルコのサウジ領事館で殺害された事件で、トルコは主権侵害に怒り、両国関係は冷え切っていた。２月、サウジアラビアはトルコの中央銀行に50億ドルを預託した。エルドアン体制を支えるためとみられる。

２０２３年４月２日、サウジは唐突に減産を発表した。

サウジが日量50万バーレル。イラクが21・１万バーレル。ＵＡＥは14・４万バーレルをそれぞれ減産し、３ヶ国の合計だけで１００万バーレル弱。

ロイターによれば、「石油輸出国機構（ＯＰＥＣ）」とロシアなど非加盟産油国で構成する「ＯＰＥＣプラス」の追加減産は１１６万バーレルで、23年５月から開始し、年末まで継続する。ＯＰＥＣプラスの減産量は日量３６６万バーレルとなり、世界需要の３・７％

に相当する。市場は想定外のサウジの出方に狼狽した。４月３日、石油代金は当然のことながら沸騰し、１バーレルが80ドルを軽々と突破した。

米国では３月30日に議会下院が「米内の石油ガス増産ならびに新規開発を促進する法案」を２２５vs.２０５で可決していた。下院案は上院へ送られ、両院で可決すれば大統領の署名となる。しかし環境保護派とリベラルが多数派を占める上院で可決はむずかしいと観測される。したがって原油とガスの価格はしばし高値圏を維持するだろう。

ガソリン高騰は米国経済を直撃する。というのも米国ＧＤＰの65％は消費によるからだ。

中規模の銀行が米国企業への融資の約50％、住宅用不動産向け融資の60％、商業用不動産向け融資の80％を担ってきた。２０２３年初頭に自動車ローンが急減速した。ついで住宅ローンの急減となる。利上げにより、ローン需要が５期連続で減少した。顕著なマイナスはクレジットカード消費である。指標はリボルビング（残高がなくとも自動的な借金をしてカードを使い、カード会社に金利を上乗せの分割支払い）だ。ＳＶＢ倒産前の2月、クレジットカードの負債は１月の１２８億ドルから急激に減少し、わずか50億ドルだった。過去22ヶ月間にこんな低調なデータはなかった。平均は１６８億ドルだったのだから米国の消費者が突然、消費マインドを萎縮させている実態が分かる。

ブラジルもホンジュラスも叛旗を翻す

第二のヒント。ブラジルのルラ極左政権も反米の旗を掲げた。人民元決裁を導入し、ドル基軸体制を揺らす中国と協調するとしたのだ。その前にもブラジルはアルゼンチンと共通通貨の発行を模索する作業に入ったと正式に発表し、世界の金融機関が首をかしげた。ユーロですら準備期間は35年をかけたのに?

23年3月下旬、中国は南米最大のブラジルに楔を打ち込んだ。ブラジルが人民元決済に同意したのだ。極左ルラ大統領の親中路線突進の端緒となる。

中国交通銀行のブラジル現地法人は国際決済をCIPS(中国主導の国際送金ネットワーク)に繋げるとブラジル貿易局が発表した。中国交通銀行の子会社バンコBBMでブラジル通貨レアルと人民元でとの取引が正式に開始されることとなった。すでに中国人民銀行とブラジルの中央銀行は、人民元決済の協力覚書に署名を済ませている。

2022年の中国とブラジル間の貿易は1715億ドルだった。中国からの輸出は機械、コンピュータ、繊維、自動車など。一方、ブラジルからの輸出は鉄鉱石、大豆、原油、紙パルプなど双方の品目に偏りがみられる。これらが徐々に人民元に移行する。

中国の金融筋がいう。

「人民元の国際化には3段階があり第1段階は小規模な国際貿易での人民元使用、第2段階が商品取引での使用、そして第3段階が人民元の基軸通貨への変換です」

中国とブラジルの合意は人民元がブラジルに於いて第2段階に到ったということである。ただしブラジル実業界は長きにわたって米ドルに慣れ親しんでおり、とくに輸出業者が人民元を受けとるまでには時間がかかるだろう。

ブラジルとの人民元決済は米国の衰退を予兆させたが、「人民元は米ドルやユーロより兌換性が低く、中国政府が厳格な資本規制を維持しているため、人民元の海外展開は依然として抑制されている」(『サウスチャイナモーニングポスト』4月3日)。

ところが4月11日に、ルラはブラジルの全閣僚と39名の議員、240名もの財界人を引きつれて中国を訪問し、アメリカに背を向けたのである。

第三のヒント。ホンジュラスが3月25日(日本時間26日)に台湾と断交し北京と外交関係を結んだ。

米国は台湾と断交した国には経済的規制を強化するとホンジュラスなどを牽制してきた。もともとホンジュラスはブラジル等と同様に親米国だった。米国はホンジュラスに制裁を発動しなかった。

直前にもソロモン諸島が米国からカート・キャンベル調整官が飛んできて懸念を表明していたにも拘わらず、ソガバレ首相は港湾工事を中国企業に発注した。米国はソロモンに対して制裁を講じなかった。

米国パワーの衰退はこれら3つの例を挙げただけでも了解できる。

台湾はホンジュラスと80年の国交があり、1月にも頼清徳・副総統が訪問したばかりだった。だから断交される前に台湾から先に断交を宣言したプロセスに留意すべきで、台湾大使はすでに帰国し、現地スタッフも帰国した。

珈琲とバナナしか輸出品目がないホンジュラスへの援助は米、加、スペイン、スイスについで日本は5位、過去の累積援助（無償と技術協力）は1200億円余。中国は援助国リストにさえ無かった。野党の野合で政権運営するカストロ大統領にとって沈没寸前の経済再生のため、目先のチャイナマネーの黄金に転んだわけで、「借金の罠」にはまった。

直前にホンジュラスは台湾に24億4000万ドルもの援助を要請した（内訳は病院建設に4500万ドル、ダム建設に3億ドル、そして20億ドルは借金返済のためとか）。

おそらく中国がその半分の12億ドル前後の「一帯一路」プロジェクトの大風呂敷を拡げたからだろう。また中国のプロジェクトには相手国政府高官へ「格別の贈り物」があるのも常識である。

かくして台湾は孤立したかに見えるが、事態は逆である。

欧米議会人が次から次への台湾訪問を繰り出している。米国も武器供与追加ばかりか、台湾軍の特訓をしている。世の中の趨勢が違う方向に動いているときに、ホンジュラスは選択を誤ったと言える。

台湾と外交関係は「ない」ことになっている国々のうち、およそ100ヶ国が経済事務所を開設している。在台湾米国代表処は事実上の大使館であり、その建物はまるで軍事要塞。リトアニアも首都ビリニュスに台湾の「事実上の大使館」を開設し、反中国路線のチェコに到っては160名もの大型訪問団を台北に派遣した。

欧米関係も円滑とはいえない

欧米関係もNATOが軍事同盟とは言いながらも円滑な関係ではなく、とくにドイツは独自に中国に接近し、フランスは唯我独尊的。オランダは計算が先に立ち、イタリアとスペインの外交はシニカルである。

EU諸国のロシア制裁にしてもかなり手ぬるい。米国の対中制裁に関しては協調せず、長らく背を向けてきた。EUの政治文書で中国が脅威と言い出したのは、2022年からだ。

ロシアのウクライナに侵攻後、EUは10回の制裁をなしたが、インド、トルコ、ブラジルが中国とともに制裁に反対した。

EU諸国も厳重な制裁には到らず、エネルギーでは石油とガスの輸入量を減らしたものの輸入し続けた。EU27ヶ国とロシアの貿易で依然として続行している。

さらに制裁を迂回する手段はUAE、トルコ、アルメニア、ジョージア、カザフスタン、キルギスという回避ルートを使っていることだ。手口は中国と同じく姑息である。

2021年、ロシアは2800億ドルの貿易を記録し、EUは燃料、木材、鉄鋼、肥料を輸入した。侵攻後、EUのロシアからの輸入は半減した。2022年3月から23年1月末までの統計では1860億ドル相当の商品をロシアから輸入した。液化天然ガスは制裁対象外であり、パイプライン経由が大幅に削減されている。にも拘わらず4割減という状態である。原子力産業製品の輸入は22年実績が8140億ドルだった。

注目はダイヤモンドで、15億ドルのロシア産ダイヤモンドを購入した。肥料輸入額は28億ドルで、むしろ前年比40％増となっている。制裁対象外にステンレス鋼に必要なニッケルがある。EUは22年に35億ドルを輸入した。こうしてみるとEUもまた伏魔殿が多いのである。

こうみてくると、改めて「米国よ、中国に勝てるのか」と問いたくなる。

台湾へ武器供与増強を拡充し自由と民主主義の砦を守ると公言してはいるが、米軍はグアム以東へ配置換えし、ウクライナへは軍籍をはなれた特殊部隊をおくりこんでロシアと闘わせ、そこにNATOを引き込んだ代理戦争を展開している。「世界の警察官」としての米国は姿も形もない。

第3章

ウクライナの伏魔殿が導く大混乱

ベラルーシに戦術核を配備へ

ロシアのプーチン大統領はベラルーシに戦術核を配備し、7月から設置場所の建設を始めると発表した。欧米各国の反応に際立った温度差がでた。

米国は「慎重に見極める」としたが、NATO加盟の欧州諸国は「危険かつ無責任な発言」とし、EUは「ベラルーシに制裁を科す用意がある」とした。ウクライナとロシアの修復の仲介を斡旋していた中国は面子を失う形となった。

ウクライナ外務省も「核拡散防止条約（NPT）や核軍縮、安全保障を損ねる挑発的措置だ」と非難したうえで、「国連安全保障理事会の緊急会合を直ちに開くよう」に要請し3月30日に理事会が開催された。ウクライナは同時にG7とEUに対し、ベラルーシに警告を発するよう呼びかけた。ゼレンスキーは4月5日にポーランドへ飛んで大統領と会見し、支援に感謝の意を伝えた。

ゼレンスキー大統領の安全保障顧問であるオレクシー・ダニロフは「戦術核の配備とはベラルーシが『モスクワの人質』となってしまい、却ってベラルーシの安全保障をそこなう」とした。ところがNATO諸国には戦術核は既に配備済みだから矛盾している。「戦術核配備がただちに核戦争につながる可能性は低い」と米下院外交委員会のミカエル・マゴール委員長は述べるにとどめた。

地政学的に言えば、ロシア軍の兵站ならびに出撃基地として使われているベラルーシに次の段階としてウクライナ側から攻撃をされれば、戦局がロシアに不利となることは明らか。その牽制も含まれる。

それにしてもG8メンバーにまでなったロシアが、なぜかくも西側と敵対的となったのか。

ロシア民族主義という、凍土育ちの農業牧畜伝統と土地の体質が生み出す伏魔殿で、その毒性が強いロシアナショナリズムは、思想家ドーギンが打ち出したのである。このドーギンの主張はプーチンのナショナリズムに近い。もっと言えば文豪のソルジェニツィンが米国亡命から引き揚げ、ゴルバチョフ、エリツィン、プーチンの3人それぞれ別個に会見しているのだが、一番共鳴したのはプーチンだった。

エリツィンが登場した折は、経済の回復と発展にロシア国民は大いに期待した。ところがエリツィンは深酒、酩酊状態の政治となったため、ロシアは政治も経済も大混乱に陥った。首相を次から次に入れ替え、プリマコフ、ステパーシンに。再選を目指した大統領選では国家主義者のジュガーノフと烈しく争い、僅差で辛勝したほどに、エリツィンのかつての人気は地に墜ちていた。ジュガーノフは強烈なナショナリズム、ロシアの栄光を説いて民衆に拍手喝采された（23年初頭に死亡）。

「西欧派」を代弁しグラスノスチ、ペレストロイカを唱えたゴルバチョフは過去の人となり、「スラブ派（民族派）」と「西欧派」とが対立を強めた。プーチンの政敵だったネムツォフは女性とデート中に橋の上で狙撃され落命、これで表だったプーチンの政敵はいなくなった。SNSのインフルエンサーだったナワリヌイは刑務所暮らしだ。

濃厚な民族主義的国家主義思想を唱えるドーギンが思想家として現れ、その著作は不気味なほどに売れた。

土着的ナショナリズムを危険視する左翼地下組織は彼の暗殺を狙い、ドーギンの娘がクルマに仕掛けられた爆弾で暗殺された。

4月2日にはサンクトペテルブルクの喫茶店でプーチン支持のブロガーとして有名なフォミンが爆殺された。その場にいた40人が重軽傷を負った。ロシアは直ちにウクライナの暗殺と〝断定〟した。爆殺現場の喫茶店は「ワグネル部隊」の黒幕、プリコジンが経営に関与する店だった。犯人のダリア・トレポワ（女性、26歳）は筋金いりの反プーチン活動家だった。

「プーチン氏は最初、両方（民族派と西欧派）の議論を使っていた（中略）。経済発展や現代化を語るときは西欧派として振る舞った一方、退廃的な西欧文化や価値観に抵抗するロシア民族主義およびロシア正教徒として振る舞った。プーチン氏が敵意に満ちた反西欧主義へ決定的に舵を切り、ロシアの特別な民族主義的アイデンティティとロシア人の特別な遺伝子を強調しだしたのは、２０１０年代にはいってからである」（M・ホダルコフスキー著、山内智恵子訳『ロシアの二〇世紀　１００の歴史の旅』、藤原書店）

ロシアは「謎が謎に包まれた謎の世界」（チャーチル）なのか。それとも「救世主的拡張主義」（サハロフ）に取り憑かれたのか？

文豪トルストイは旧体制を批判したが、アナーキズム、社会主義、共産主義も批判し、人間の普遍的価値を訴えた。しかし「トルストイの文学的業績は賞賛されたものの、彼の道徳哲学や政治思想はロシアにはまったく根付かなかった」。

新興財閥オリガルヒを「泥棒男爵」とするホダルコフスキーは、米国の急進的改革を唱える経済学者の説に従い、資本主義システムに移行せんとして、バウチャー計画を実行したことが「最大にして長期的失敗だった」と言う。

ロシア国民は民営化予定の国家財産の分け前を、バウチャーで受け取った。だが、「切羽詰まった貧困と政府の約束に対する根深い疑いから、多くの人々は、自分の取り分を、とにかく買ってくれる人になら誰にでも売った。それを組織的に買い取って行ったのは、党の人脈を使ってそれまでに小金を貯めていた少数の起業家たちだった」（以上カギ括弧内はホダルコフスキー前掲書）。

これがアブラモウィッツら破天荒の資産家を生むのである。ロシア的錬金術はまさに「謎が謎に包まれた謎の世界」だからこそ実現したのだ。

ついでながら「謎が謎に包まれた謎の国」というより「賄賂、賄賂、賄賂の謎、伏魔殿の金字塔」である中国では、23年1月現在、10億ドルを超える個人資産をもつ財閥（中国的オリガルヒ）が996人もいる（胡潤レポート）。中国オリガルヒの敵も財産収奪を狙う中国共産党なのである。

「正義」のウクライナの伏魔殿は汚職

ウクライナ支援に、米国共和党の過半が懐疑的となった。

西側が「正義」とするウクライナの伏魔殿は汚職の横行である。3月13日にリトアニアは、4年間拘留してきた汚職容疑者をウクライナに引き渡した。これは6000万ドルの食糧の横流し事件。売り先はサウジアラビア。主犯はウクライナ国営食糧穀物公社元会長だった。

ウクライナ国営食糧穀物公社の元会長ペトロ・ヴォフチュクは、ウクライナ国家腐敗防止局（NABU）の要請により、逃亡先のリトアニアからウクライナに引き渡された。2014年、ヤヌコビッチ政権下で公社元会長は、モナコを拠点とするロシアのオリガルヒで、国際的な穀物商人であるアレクセイ・フェドリチェフと組んで横流しのスキームを構築した。

調査に拠ればウクライナ当局者とロシアの新興財閥が管理する仲介業者を通じてサウジアラビアに穀物を供給していた。NABUは2016年からこの事件を調査しており、すでに2人の容疑者が司法取引を行って、損失補償として6万ドルを支払っている。同社は中国へも年間600万トンの穀物供給をしており、中国輸出入銀行から15億ドルを借り入れた。同社の負債は10億ドルを超えている。

「ウクライナの対中貿易は2016年以降急速に増加。19年にはロシアを抜いて中国が最大の貿易相手国になった。2021年の対中貿易額も188億ドルと引き続き首位でウクライナの貿易総額の14％を占めている」（ジェトロ調べ）

2020年統計では、ウクライナの穀物輸出先は、それまで首位だったエジプトを抜き、中国が1位となった（全体の約20％）。中国は2020年、前年比約97％増となる18億5500万ドル分の穀物をウクライナから購入した。

以後、ウクライナ戦争のため黒海経由のコンテナ船団の輸送が30％減となり、貿易統計はまだデータがない。日本は穀物を主に米国から輸入しているため、ウクライナ戦争による穀物輸入削減という悪影響を受けていない。

米議会共和党は、バイデン政権がウクライナに与えた数百億ドルの軍事並びに人道援助に関して、その精査を烈しく国防総省高官に詰め寄った。

というのも情報筋によれば米国が提供した対戦車携行ミサイル「ジャベリン」の一部が横流しされてロシア軍の手に渡っているとするアングラ情報があるからだ。

2月28日の下院公聴会で、キエフへの武器供与はあまりに高額であり、費用に対する懸念が連邦議会に渦巻いている状況が分かった。バイデン政権が軍事援助を補充するための議会承認を得ることは、以後、困難になるだろう。なにしろ赤字国債の上限を審議する議会は遅れに遅れた。

その隙間を衝いて、抜け駆けに走るバイデン大統領は、よたよたと足を引き摺りながらキエフを訪問した。ついで2月27日にはイエーレン財務長官が飛び入りでキエフ入りし、追加援助合計が12億ドルとなった。闇討ちのような仕儀も議会承認が難しいとの予感で慌てたのである。

「私たちは皆、説明責任について懸念しています」と、過去にウクライナの資金調達事業を支援してきた下院議員のジョー・ウィルソン下院議員が、下院軍事委員会の公聴会で語った。

「ちゃんと公表し納税者である米国国民が支出を信頼できるようにしましょう」

ウィルソン議員は「北朝鮮旅行法」制定で中心的役割を果たしたベテラン。また戦争の英霊を検証する運動を主張し、トランプには是々非々の立場だった、サウスカロライナ州選出議員だ。

アンドリュー・クライド下院議員（共和党、ジョージア州）は供与した武器の「紛失」、および転用、内部告発者、「詐欺」等の申し立てについて国防総省の高官に質問した。

つまりウクライナ・マフィアがゼレンスキー大統領の上層部と組んで武器の横流しをしている疑惑の追及なのだ。また兵器メーカーがペンタゴンの武器選定に際し賄賂を渡したのではないかとする疑惑も言外にふくまれる。

ウクライナの有力英字新聞『キエフポスト』（4月10日）に軍事評論家のスティーブ・ブラウンが寄稿した。

ブラウンは元英国陸軍の弾薬スペシャリスト、爆弾処理官専門家だった。弾薬破壊、地雷除去、爆発物処理で国連およびＮＡＴＯと協力し、２０１７年に退職後、夫人の故郷ウクライナへ移住した経歴の持ち主である。

欧米からウクライナに提供された武器が戦後、どこへ行くのか。とくに英国が懸念してきたことは西側が供与した武器がテロリストやマフィアに売り渡されるのではないか、という暗いシナリオをブラウンは指摘した。

なぜならウクライナはこの方面でも「実績」がある。１９９１年、ソビエト連邦が崩壊した直後からウクライナに保管されていた夥しい武器と弾薬在庫が蒸発したのだ。背に腹はかえられないとばかりにウクライナは、在庫武器を、合法、非合法を問わず、現金の持ち主に売却した、１９９２年から１９９６年にかけて３２０億米ドル相当の軍需品が在庫から消えた。

２００８年に、ウクライナ企業が所有のベリーズ籍貨物船がソマリアの海賊にハイジャックされた。５ヶ月後、米海軍が船を回収したところ、33台のウクライナ製Ｔ72戦車、携帯対空システム、ロケット推進擲弾発射機、各種弾薬が積載されていた。仕向地は船積み書類でケニアとなっていたが、実際には南スーダン向けだった

２０１７年の調査に拠れば、およそ80万人のウクライナ人が銃器を保有していることが登録簿で判明した。加えて３５０万丁の未登録銃があると推定された。２０２２年２月24日、ロシアの侵略が始まると、ゼレンスキー大統領が「国を守りたい人には誰にでも武器を与える」と言った。その発表から２日間で２５０００丁以上の自動小銃やロケット推進手榴弾（ＲＰＧ）発射装置などの武器が民間人に配られた。

面妖な輸送機墜落事故は22年７月16日に起きた。セルビア国防相はウクライナの航空会

社運航のアントノフ12型輸送機がギリシャ北部で墜落し、搭乗していた8人のウクライナ人全員が死亡したと発表した。バングラデシュに向け、地雷など約11トンの武器を積載していたというのが公式見解だった。筆者が怪しいと思ったのはセルビアからバングラへの輸送になぜウクライナの飛行機が？　ましてバングラデシュはいま地雷を必要としていないはずである。

米国は、ロシア侵攻以後に供給していたハイテク兵器が「蒸発」する懸念をたびたび表明し、ウクライナは米国議会陣の圧力におされて汚職対策本部を設置し、「移譲された米国産の防衛装備を適切に保護し、責任を負うための措置を講じる」とした。

ウクライナ支援に疑問の声が高まる

クライド議員はつねに正論をいう少数議員で、21年1月6日のトランプ支持派の議事堂乱入事件も「参加者の多くは彫刻展示エリアを秩序立って歩き、写真やビデオを撮影していた」と主張した。この事実を指摘しただけでも左翼はクライドを「歴史修正主義」と非難した。

議事堂乱入狼藉はトランプ支持派に交じった左翼活動家の仕業だったと共和党の一部は主張し、バイデン当選をまだ認めていない。

3月4日、メリーランド州のゲイロード・ナショナル・リゾート。共和党の保守行動会議年次総会（CPAC）が開催され、メインスピーカーはもちろんドナルド・トランプ前大統領だ。

トランプは1時間40分の長い演説で、「私は数十年で戦争を経験しなかった唯一の大統領だった。繁栄していれば、死んだ人もいなかったでしょうし、二度と再建できない破壊された都市もなかったでしょう」と発言し、続けた。

「（再選されるとして）、大統領執務室に到着する前に、ロシアとウクライナの間の悲惨な戦争を終結させます。問題を解決し、迅速に解決します。1日もかかりません」と豪語した。

ついでにNATO批判も展開した。

「西欧諸国は私たちと一緒にドル（戦費）を支払っていますか？　私たちは（NATO予算に）1400億ドルを投入しましたが、彼らはそのほんの一部にすぎません。わが国の歴史の中で最も危険な時期に直面しており、ジョー・バイデンが私たちを忘却のかなたへと導いている。何かが早く起こらない限り、世界はすぐに第三次世界大戦に突入する」と主張した。またトランプは「教育省（文科省）の廃止」を唱えた。

大会ではかつてトランプに挑戦したこともあるテッド・クルーズ上院議員（テキサス州選出）やマイク・ポンペオ前国務長官も登壇し、大会を盛り上げた。会場にはレーガンの写真パネルがあちこちに飾られていた。

とくにポンペオ前国務長官は自伝『１インチも妥協しない』を出版したばかりだった。「現在議会で審議中の６兆ドルの赤字国債上乗せは米国経済を自滅に導く」としてポンペオは反対の姿勢を強調した。

さてこのＣＰＡＣでは注目人物が登壇するのが恒例である。

まずはニッキー・ヘイリー元国連大使、しかもトランプにつづいて2番目に２０２４年の大統領立候補を決めた女傑。インドの新聞を読むと、扱い方がことなり、ヘイリーが予備選前にトップを走っているような印象だ（ヘイリーはインドから米国への移民3世。元サウスカロライナ州知事）。

ヘイリーは赤いドレスで登壇し、「米国は最も強大で統制の取れた『敵』に直面している。スパイ気球を飛ばし、米国の農地など、じつに38万エーカーの土地を買収した中国共産党は敵である」と中国を名指しで批判した。

「ところが、米民主党はいまやバニー・サンダースやオカシオ・コルテスが典型なように、社会主義政党ではないか。このまま民主党政権がつづくと、累積31兆ドルの赤字が次の10年であと10兆ドル増える」と述べた。会場はヘイリーの演説の最中にも「トランプ！」を絶叫し、あたかも立候補をやめろというような雰囲気だった。

民主党のサンダース議員は自ら社会主義者を名乗り、大学授業料撤廃を叫んで若者の人気がある。おなじく2000年の民主党大統領予備選で善戦したリズ・ウォーレン議員も、言い分を聞いていると社会主義である。民主党は半分が社会主義者に乗っ取られているとみてよい。

共和党内の保守派はいまやウクライナを、援助漬けになった伏魔殿と捉えている。「ウクライナ援助を止めろ」と訴えるのは、マジョリー・テイラー・グリーン下院議員だ。「支援をくれないと戦禍は欧州全域に拡大し、あなたの息子や娘も戦争にかり出されることになるとゼレンスキー大統領は言ったが（冗談じゃないわ）、私たちの息子や娘のうえにのせた手をはなして」と、嫌みたっぷりでバイデン政権の過剰なウクライナ支援に疑問符をなげた。彼女は米国のウクライナ援助520億ドルの行方を監査せよと訴えた。

共和党主流派はウクライナ支援組が多いのだが、このマジョリー・テイラー・グリーン下院議員の演説にブーイングはなかった。大歓声が起きた。共和党保守派の決起集会だったが、フロリダ州知事のデサンティスは欠席した。グリーン議員は4月4日の大陪審のトランプ起訴でも、ニューヨークに乗り込んで激越なトランプ無罪論を演説した。

トランプへの言論弾圧は終わったが……

2年に及んだトランプへの言論弾圧は終わった。

なにしろツィッターなどは法的根拠のないままトランプのアカウントを永久凍結したのだ。米国には言論の自由がないことが立証された。

イーロン・マスクがツィッターを買収し、トランプのアカウントを再開した。

3月17日にトランプへの言論弾圧は終わりを告げ、FB（フェイスブック）とインスタグラム、ユーチューブもトランプのアカウント再開を認めた。

4月になってイーロン・マスクは『ニューヨーク・タイムズ』を痛烈に批判し、「判読不能、何を書いているのかわからない」とした。米国にも『朝日新聞』に似たメディアがあるのだ。

「『ニューヨーク・タイムズ』の本当の悲劇は、彼らのプロパガンダが面白くないことです。彼らの言い分は下痢に相当します。判読不能です」

２０２２年10月、マスクはツィッターを４４０億ドルで買収し、プラットフォームの検閲措置を撤廃した。「もっと自由で開かれた議論のためのものにする」とした。

左翼的なスタッフを５０００名以上解雇した。７５００人のツィッター社員は23年4月現在、２０００名を切った。さらにトランプ前大統領のアカウントを含む、以前に禁止された何百ものアカウントを復元し、左翼の言論弾圧に対応した。

マスクのツィッターのフォロアーは23年4月現在、1億３３０８万４５６０人で、オバマのそれは1億３３０４万１８１３名、オバマより多いと発表した。ただしツィッターの時価総額は買収価格の半値付近をうろついているが、本丸テスラの売れ行きが順調で、マスクの億万長者番付は依然として全米第2位である。

テスラ株は年初に１００ドル台まで落ち込んだが、4月3日に２０７ドル台に回復した。またイーロン・マスクの個人資産はピークの３２００億ドルが22年末に１２９０億ドル、現在２０２４億ドルと史上空前の財産喪失を言われたけれども、ジェフ・ベゾスとの差は少ない。このマスクがトランプ再選を支持しているのである。

トランプの再選へ向けた前哨戦は、これでフル稼働に入る、筈だった。

ところが再選への道を塞ぐのは左翼メディアばかりではない。連邦議会共和党議員のなかで、トランプ支持を明確にしているのはまだ少なく（23年4月現在、40人）、前回まで最大のトランプ応援団だったFOXニュースがトランプ支持を止めた。

そしてペンス元副大統領やニッキー・ヘーリー元国連大使らが立候補を表明、もしくは準備に入り、混戦模様となった。ここにトランプの強敵となり得るデサンティス（フロリダ州知事）がクローズアップされた。保守系メディアの過半もトランプから距離を置いた。

今後の選挙戦の行方は基礎票の動向である。岩盤支持層であるキリスト教ファンダメンタルズの熱烈な支持のもと、組織動員ができるプロテスタント各派の動きである。いまのところファンダメンタルズの多くがトランプ支持である。

左翼の「政治ショー」としてのトランプ裁判

左翼陣営はトランプを引きずり下ろすために、新手を繰り出した。

3月18日にトランプがニューヨークのアルビン・ブラッグ検察官（ニューヨーク州第37地方検事）に逮捕される情報があるとして騒ぎが大きくなった。ブラッグは大陪審を動かし、トランプを起訴した。大統領経験者が起訴されることは前代未聞、ブラッグ検察官の売名が目的とはいえ、バー前司法長官もテレビに登場し、「トランプの起訴は理由が薄弱で、もしもトランプが逮捕されるとすれば、米国の司法正義は地に落ちる」とした。

左翼陣営は束になって、トランプを引きずり下ろすことに狂奔した。新聞、テレビの偏向は以前からだが、SNSではトランプが有利と分かると、ネットからユーチューブからすべてを検閲し、トランプの口座を永久凍結した。茶番劇のクライマックスが近づいた。トランプが復活しそう、いや再選間違いなしという情勢になると、今度は起訴という奇想天外な手段に訴えた。法律的に無理筋、重箱の隅をつつきだす嫌がらせとも言える。

4月4日、トランプ前大統領の罪状認否はものものしい警備のニューヨーク裁判所で行われ、34の「罪状」をすべてトランプは否定した。ニューヨーク市警は3万6000人の警官を動員し、警備体制を敷いた。なんだか、暴動を期待していたのかもしれない。

場外では支援者の集会、道路には星条旗を掲げての自動車マーチ。トランプ起訴を支持する集会もあったが、人影がまばら。騒然とした雰囲気の中、ひときわ目立ったのが前述

ご購読ありがとうございました。今後の出版企画の参考に
致したいと存じますので、ぜひご意見をお聞かせください。

書籍名

お買い求めの動機

1　書店で見て　2　新聞広告（紙名　　　　　　　　）

3　書評・新刊紹介（掲載紙名　　　　　　　　）

4　知人・同僚のすすめ　5　上司、先生のすすめ　6　その他

本書の装幀（カバー），デザインなどに関するご感想

1　洒落ていた　2　めだっていた　3　タイトルがよい

4　まあまあ　5　よくない　6　その他(　　　　　　　　)

本書の定価についてご意見をお聞かせください

1　高い　2　安い　3　手ごろ　4　その他(　　　　　　　　)

本書についてご意見をお聞かせください

どんな出版をご希望ですか（著者、テーマなど）

郵便はがき

料金受取人払郵便

牛込局承認

8133

差出有効期間
2023年8月
19日まで
切手はいりません

162-8790

東京都新宿区矢来町114番地
神楽坂高橋ビル5F

株式会社ビジネス社

愛読者係 行

ご住所 〒 TEL:　　（　　）　　FAX:　　（　　）		
フリガナ お名前	年齢	性別 男・女
ご職業	メールアドレスまたはFAX メールまたはFAXによる新刊案内をご希望の方は、ご記入下さい。	
お買い上げ日・書店名 年　月　日　　市区町村　　書店		

のマジョリー・テイラー・グリーン下院議員だった。彼女は熱烈なトランプ支持者として知られるが、この日も起訴に抗議するパフォーマンスを繰り広げた。

グリーン議員はバイデンのウクライナ支援の520億ドルについて精密な査察を行えと議会で主張し、ウクライナ支援の削減を訴える共和党勢力のリーダー格でもある。

起訴に持ち込んだブラッグ検察官は1973年にニューヨークのハーレムに生まれた。ハーバード大学卒業後、弁護士を経験し、ニューヨーク州の副司法長官並びにニューヨーク地区連邦検事補を務めた。れっきとした民主党員である。

ブラッグはニューヨーク副司法長官時代に、トランプ財団の訴訟を監督した。彼の信条は「重罪を伴わない限り、運賃回避、逮捕への抵抗、売春、大麻関連の軽犯罪などの低レベルの犯罪を起訴しない」である。また犯罪者が「危険な道具を見せているが、身体的危害のリスクを生み出さない」強盗や店舗強盗の罪を軽減するという決定をなした。

つまり犯罪を野放しにするということと同義語であり、警官が犯行現場にあっても黒人なら手を出さないことになった。ニューヨークの治安はさらに悪化した。

リベラル左翼の典型、ブラッグは「トランプ年次財務諸表で資産の価値を故意に改ざんした」ことを法廷で証明する自信がなかった。そこで「トランプと関係があったと言い張るポルノスターへの口止め料の支払い」について「犯罪捜査」を開始した。つまり徹底的に反トランプ、その起訴に執念を燃やし続けた人物であり、トランプの右腕だったスティーブ・バノンを起訴したのも彼である。

裁判長はファン・メルシャン（マーチャンとも発音）。この人物もトランプオーガニゼーションに罰金を科すなど、トランプは「メルシャンは私を憎んでいる男だ」と言っている。

3月31日から4月1日にかけてCNNがおこなった世論調査で、76%の米国人が、このブラッグのトランプ起訴を「政治ゲーム」と捉えていることが分かった。

共和党内の政敵だったミット・ロムニーさえ「起訴は出鱈目だ」と批判し、マッカーシー下院議長は「茶番」と言い放った。4月4日にフロリダへ戻ったトランプは支持者の熱狂的な歓迎を前に「裁判は本当の犯罪者（検事ら）を裁かない。バイデン等の犯罪を裁かない。まるで魔女狩りだ」と演説した。また会場では「私は無罪」のTシャツが売り出され、すでに裁判支援キャンペーン募金には日本円換算で6億円が集まった。2週間後の累計で19億5000万円が集まった。

下院共和党員は、左翼検事が「武器化」した司法制度に長い間悩まされてきた。トランプ前大統領の起訴に憤慨し、対抗策を本格的に検討し始めた。ニューヨークの司法制度の

「前例のない乱用」とするオースティン・スコット議員は「左翼リベラルな検察官とジョージ・ソロスらは、警察官からは免責を剝奪したいと考えながら、自分たちは免責されるべきと考えています」と述べている。

バイデン陣営ではメディア、FBI、税務署などを動員して強引にトランプの再選をストップすることが目標である。

トランプ逮捕を発表すればトランプが反対する上にトランプ側の群衆が抗議デモで暴動が起きる可能性がある。これで、「トランプが暴動を煽動した」と悪意に満ちた宣伝をすることができる。ニューヨーク検察はマンハッタン警察を総動員してマンハッタン法廷の付近にバリケードを作った。つまりブラッグはトランプに罠を仕掛けたのである。ところがこうした民主党側の陰謀は逆効果となった。トランプ支持が急上昇したのだ。

状況は酷似していないか？

歴史はときに教訓を残す。

「日本と米国は戦ってはならない」と開戦前から主張していた勇気ある米国の外交官がい

た。

国務次官、そして日本大使を経験し、戦後日本政府はこの米国人外交官に勲一等を叙勲している。

知っていますか。その人の名前を？

フーバー大統領は国務次官補だったウィリアム・キャッスルを突如呼び出して、日本大使に任命した。死後半世紀を経てフーバーの回想記がでたが、ルーズベルトを狂人扱いしており、また『ハルノート』の存在を知らされていなかったと、後知恵ながらも詰問した。後日、フーバーと会ったマッカーサーはルーズベルト評価に同意した。

ウィリアム・キャッスルは１９２４年に排日移民法をつくった切っ掛けとなる埴原駐米大使の失言は、じつはヒューズ国務長官の示唆によると証言した。

状況は酷似していないか？

バイデンはロシアを疲弊させるためにウクライナ戦争に引きずり込んだ。ルーズベルトが日本に戦争を仕掛ける陰謀をめぐらし、まわりはソ連のスパイばかり。現在のバイデン政権でウクライナ戦争支援政策を推進しているブリンケン、ヌーランド、サリバンの３人は反露感情の強いユダヤ人である。ノルドストリーム爆破もドイツを引きずり込む謀略だったとすれば平仄はあう。

主要敵が中国だとバイデン政権がいうのなら、裏側から中国を締め上げる地政学的ポジションに位置するロシアを味方にし、また北朝鮮を手なづけて反中陣営に取り込むのが大戦略だろうに、トランプが途中までやっていたことを、バイデンはすべてひっくりかえした。

田中秀雄著『日本を一番愛した外交官（ウィリアム・キャッスルと日米関係）』（芙蓉書房出版）によれば、パリ不戦条約（１９２８）の実質的作成者はキャッスルだった。スティムソン国務長官の「満州国不承認宣言」（１９３２）に対してキャッスルは「満州は日本が統治したほうが一番良い」と主張した。

そしてルーズベルト政権の対日批判の動きにキャッスルは「中国を助けるべきではない。それは中国をソ連に明け渡すことだ」と主張した。

ルーズベルト大統領を取り囲んだソ連のスパイたちは、日本を戦争に巻き込む陰謀を展開していたから、キャッスルの正論は黙殺された。そして戦後、歴史家たちはグルーやマッカーサーらの研究をしても、キャッスルのことは無視、あるいは軽視した。吉田茂がもっとも高く評価し、また岸信介や中曽根康弘が訪米するとキャッスルと面会したという事実も、歴史家は話題にしなかった。

米国の分裂状態は悪化する

大統領選挙前後から米国は完全に分裂し「現代の南北戦争」の様相を呈していた。香港のひそみにならえば、米国は「一国二国民」となったようだ。中国にとっては米国に代替できる世界覇権を狙っているのだから、米国分裂はさも欣快な出来事である。

ロシアでは「米国は6つに割れる」と先走った主張をする学者がいることはみた。それも珍説や暴論ではなく、れっきとしたロシア・アカデミーの学者が唱えているのである。かつて筆者は「中国は16に分裂する」と予測し、『中国大分裂』（文藝春秋ネスコ）という単行本を上梓したことがある。台湾の李登輝元総統は「中国は7つに分裂するのが適切」と言い出された。中国は不快感を覚えたのか、『亜州週刊』が李登輝総統非難とともに「分裂論に同調する日本人たち」として中嶋嶺雄、長谷川慶太郎、そして筆者の名前を挙げたこともあった。

旧ソ連は崩壊後、15に分裂した。

ユーゴスラビアは東西冷戦崩壊で共産主義独裁政権が消え、7つに分裂した。イラクは3つに分裂状態だが、まだまとまっている。スペインのバスク地方など多数の国で分裂運動が起きている。カナダからニューカレドニアまで分離独立運動がある。

米国は南北戦争で60万余の犠牲を出し、ようやく統一され、星条旗の下に「米国人」というアイデンティティでなんとかまとまってきた。

しかしベトナム戦争以後の価値紊乱と、キリスト教の伝統的価値観を冒瀆するようなLGBTQが象徴するように過激な左翼運動が蔓延した。彼らは歴史を冒瀆し米国人の矜持を奪い、国家分裂に運動目標を置いている。

歴史の英雄たちの銅像を次々と破壊し、差別とかの言いがかりをつけた暴力事件が頻発、そうした破壊的思想を蛇蝎のように嫌う南部の敬虔なキリスト教徒、エヴァンジュリカルらは、絶望と希望の狭間を行き来しながらも伝統を守る運動を組織した。

2016年にトランプを支持し支えたのはこの伝統的な人々だった。

選挙結果が露骨な分断状況を晒した。北東部から東海岸は極左的社会主義が蔓延り、ラストベルトの旧工業地帯には資本主義の絶望が聞かれ、南部から中西部は敬虔なキリスト教地盤に中国人が入り込んで混沌とし、西海岸は正真正銘の左翼の牙城となった。

ウクライナ復興資金は4110億ドル(54兆円)

ここで話を、再びウクライナ問題に戻す。

2023年3月21日、「強迫観念」に取り憑かれたように岸田首相は突如、政府専用機ではなくチャーター機でポーランドへ飛び、列車に乗り換えてキエフへ向かった。

電撃訪問の理由は、G7議長国なのに、G7メンバーのなかでウクライナ訪問をしていないのは日本だけという焦りからだった。

ゼレンスキー大統領としては「飛んで火に入る夏の虫」。すでに7300億円もの援助を決めている日本からもっと毟《むし》れる。事実、岸田は追加5億ドル支援を示した。手土産は高価だった。

おりしもモスクワでは習近平がプーチンと会見中だった。この中露の外交イベントをぶちこわすほどの迫力があるかと言えば、モスクワで両者はせせら笑いを浮かべたかもしれない。

しかし台湾メディアは騒いで、こう書いたのだ。

「習近平訪普挺　岸田突襲烏」（習がプーチンと会見中に岸田は突如ウクライナを電撃訪問）。文意はいかにも中露会談にぶつけたというニュアンスがある。

米国とインドのメディアは、習と岸田のライバル国への出現を「おたがいがライバルの元を訪れた」と書いた。中国の『人民日報』は「岸田の〝訪烏〟（ウクライナ訪問）は実質的な成果がなにも無かった」と皮肉たっぷりだった。


問題は戦後のウクライナ復興資金である。「ウクライナ伏魔殿2・0」である。

3月20日、世銀は「ウクライナ復興資金は4110億ドル（54兆円）」との見積もりを発表した。22年9月の見積もりは3490億ドル（46兆円）だったから、その後の被害額は8兆円増えたことになる。

岸田首相は、ゼレンスキー大統領に会いに行って7300億円の既存拠出に加え、5億ドル（660億円）の追加を提示した。ゼレンスキー大統領は「日本は秩序の守り神」と賞賛した。そのうえ岸田首相はG7「広島サミット」にもオンライン参加を要請した。

米国議会・共和党はウクライナ援助の明細と審査を要求している。はたして武器は横流しされていないか。援助物資は闇市場に売られ、しこたま儲けた官僚たちがいたが、もっと厳格に調査せよという声は日増しに強くなった。

困るのはバイデン大統領だ。息子のハンターがウクライナ企業の役員に滑り込んで法外な顧問料をせしめていたが、この案件の調査もすべきだと共和党は強く要請している。

3月20日、ウクライナ政府に「国家腐敗防止局」（NABU＝セメン・クリボノ局長）が発足し、EU諸国などの駐キエフ大使館職員等と初回会合を開催している。米大使のクリストファー・スミスは「ウクライナは2つの戦争をしている。第1はロシアとの戦闘だが、もうひとつは汚職、腐敗とのたたかいである」。

同日、ウクライナ国会は3人の閣僚の更迭を決議した。ただし先の13名の高官追放は汚職だったが、今回はポジション移動である。教育相、戦略産業相ならびにデジタル通信相が任務換えとなるのだが、戦略産業大臣は次期中国大使へ転出、デジタル大臣で世界的にも有名になったミハイロ・フェドロフは副首相に昇格となる。

オーストリアの銀行大手・ライファイゼン銀行へ調査が入る

UBSがクレディスイスを救済合併するが、すでに同行から流れ出したカネは1兆ドルを超えた。

「クレディスイス救済ではなくスイス国家そのものの救済が必要だ」(『ウォールストリート・ジャーナル』、3月23日)といわれるほど、国の基幹産業だった国際金融ビジネスが急転してしまった。

2023年2月16日、対外経済制裁を担う米国財務省・外国資産管理室(OFAC)はオーストリアの銀行大手ライファイゼン・バンク・インターナショナル(RBI)のロシア関連事業を調査しはじめた。

同行はOFACからロシアとウクライナ情勢に鑑み、決済事業などについて説明を求められた。なかんずく、ロシア、ウクライナのドンバス地方、シリアにおける取引や特定顧客について詳しい情報を提供するよう求めた。ライファイゼン銀行はロシアの金融システムに深く入り込んでおり、ロシアで今なお事業を続けている数少ない欧州系銀行である。

3月になって欧州中央銀行(ECB)はこの「ライファイゼン銀行」に対し、ロシアでの業務を縮小するよう要請した。ライファイゼン銀行がドネツクとルガンスク地域でロシア支援の「政府」を認めていることを強く非難した。

「ウクライナ国立銀行」は、「同行のロシア市場からの撤退に関する意思決定に進展がないこと」を憂慮し、また「ライファイゼン銀行がロシアのプロパガンダに同調し、戦争をプーチンが言う『軍事作戦』と呼んでいる」と批判した。

系列「ライファイゼン協同組合銀行スイス」（要するにスイス子会社）はスイスで第3位の金融グループ。100年以上の歴史を誇る。スイス国内で255行、912拠点を有し、スイス最大のリテールバンク。顧客は全スイス住民の45％のシェアをもつ。

このライファイゼン銀行は、モスクワがウクライナへの侵攻を開始した後も、ロシアで事業を継続し、ロシア向けのユーロ建て金融送金の約4分の1を処理している。EUの対ロ追加制裁は、あらたに96のロシア企業を対象とし、3つのロシアの銀行が含まれる。

またEU制裁リストにはイランの7つの組織が含まれた。

ロシアがウクライナ攻撃に使用しているイラン製自爆ドローンのすべてのメーカーが対象だ。ロシアへの工業製品の輸出禁止は、電子機器、特殊車両、機械部品、トラックやジェットエンジンのスペアパーツ、アンテナ、クレーン、ドローン、レアアース、半導体、赤外線カメラなどの軍民二重用途の品目を含み、その金額は110億ユーロ（120億ドル）以上にのぼる。

ジョージアで暴動、モルドバに戦雲

余波は旧ソ連圏に拡大している。

3月7日、カフカスのジョージアの首都トビリシで暴動が発生した。旧グルジアである。これは外国から資金を受けた団体を規制する法案を議会が審議可決したことに反対するもので、数千人規模のデモ隊の一部が過激化し、警察に火炎瓶や石を投げつけた。

ジョージア警察は催涙ガスで鎮圧した。議会には親ロシア派が多く、またロシアの若者がウクライナ戦争への徴兵忌避で相当数がジョージアに移住した。同法案は外国から20％以上の資金拠出を受けた団体に「外国エージェント」としての登録を義務付けるもので、違反した場合、罰金が科される。ずばり標的はジョージ・ソロスだ。

しかし親欧派のズラビシビリ大統領は、この法案が議会を通過したら拒否権を発動すると言明している。

ジョージアはソ連から独立後、政争が絶えず、初代大統領の詩人ガムサフルージアは独裁者と批判されてチェチェンに逃亡中に暗殺された。2代目はソ連時代の外相だったシュワルナゼ。３代目は臨時代行で、４代目が米国帰りの実業家サアカシビリだった。ところが２００８年のオセチア、アブハジア戦争にロシアの介入を招き、サアカシビリは米国の軍事支援を期待していたが、２階に上がってはしごを外された格好となってウクライナへ逃亡、なぜかウクライナのオデッサ州知事におさまった。

当時のポロシェンコ政権は彼を優遇したかと思えば、気が変わって国外追放処分とした。またウクライナに入国すると、こんどはゼレンスキー大統領から改革委員会の議長に指名された。その後、サアカシビリはジョージアに帰国したが、拘束され現在裁判中である。

ウクライナに隣接するモルドバにも戦雲が立ちこめている。

もとよりモルドバ東部に旧ソ連が残した東欧最大の弾薬庫があるため、ここを含めた沿ドニエステル「自治区」にロシア軍が１５００名駐屯している。この「沿ドニエストル共和国」を自称する地区にはロシア系住民が多く、モルドバからの分離独立を宣言している。構造的にはウクライナ東部のドンバス、ルガンスク地方と同じである。

ウクライナ戦争次第で、モルドバにも軍事衝突が拡がる恐れがある。

ロシア国防省は2月23日、「ウクライナがモルドバ周辺に兵力を集め、武力での挑発を準備している」と発表した。これは弾薬不足に陥ったロシア軍が沿ドニエストルの弾薬庫を確保するためのプロパガンダだった。

米『ワシントン・ポスト』は2月21日の論説で「ロシアのプーチン大統領はウクライナで手いっぱいだが、戦果を示すためにモルドバに侵攻する可能性が懸念される」と唱えた。米国は傍観する姿勢を示唆した。モルドバは2020年の大統領選で、親ロ派のドドンが敗れ、親欧米派のサンドゥ元首相が勝利した。サンドゥ大統領は「ロシアが反政権デモに乗じてクーデター（政権転覆）を画策している」と発言した。

首都キシナウ（キシニョフ）では反政権デモが頻発し、ウクライナのマイダン革命前夜の状況に似てきたとする分析もある。

マイダン革命では親ロシア派のヤヌコビッチ大統領を糾弾したが、背後にあって資金提供したのはジョージ・ソロス。先頭にたってデモを鼓吹していたのがヌーランド（現在のバイデン政権下で国務次官）だった。余談だがソロスの息子アレックス・ソロスはバイデン政権誕生後、じつに14回もホワイトハウスに行って何事かを打ち合わせている。

また、イランは弾丸1億発、炸裂・榴弾など30万発をロシアへ供給していた。米国の情報筋はこれらの兵器弾薬が「中国製」と発表している。

さきにイランが相当数のドローンをロシアに供与したことは公然の秘密だった。イランはプーチンの弾薬、武器不足に対して、夥しい武器弾薬を1月にカスピ海ルートで輸送していた。

イランの港を出港した2隻のコンテナ船はカスピ海を北上し、ロシアとカザフスタン国境に近いカスピ海北端のアストラハン港へ陸揚げされた。

200のコンテナを積載していた。そのコンテナの中味は弾丸1億発、破裂・炸裂弾や榴弾などが30万発。そして防弾チョッキにヘルメットなどが1万個（『ザ・タイムズ・オブ・インディア』、3月8日）。この夥しい量はすべてイランの在庫だったのか？

カスピ海はチョウザメのキャビアが有名だが、アゼルバイジャン沖、トルクメニスタン沖では原油とガスのプラットフォームが林立している。バクーはいまや摩天楼だらけだ。このカスピ海を航海するコンテナ船を西側は監視していなかった。そのうえカスピ沿岸諸国に強固な親西欧国家はない。

アフガンでの失敗がウクライナで起きるか？

一方、中国にはウクライナ戦争を詳細に分析する部署が人民解放軍内にあり、ロシア軍の脆弱性をつぶさに解析していた。

関係者の話を総合すると、緒戦でのロシアの躓きは、英米が供与した対戦車ミサイルのジャベリンや対空ミサイルのスティンガーの威力によるものだが、これらを効果的にしたのはイーロン・マスクが提供したスペースXの通信網だったと結論づけた。

ロイター（3月8日）に拠れば中国の武器開発は軍とメーカーが共同で行っており、スペースXの類似衛星開発、ならびに打ち落とす技術の研究を本格化させる方向にあるという。

だが謎の部分には誰も触れない。ミンスクから南下したロシアの戦車部隊をジャベリンミサイルで破壊したのはウクライナ兵にまざった米国のアルカディア傭兵たちだった。旧名ブラックウォーターである。「戦争の犬」と言われ世界最強の戦争請負業である。

バイデン政権の最初の大失策は、アフガニスタンからの無様な撤退だった。

撤退日時を予め公言して、あからさまな撤退準備に入ったことはアフガニスタン政府を動揺させるに十分で、とくに米軍に協力的だったアフガニスタン政府の官吏、軍、警察ならびに通訳等がパニックに陥る。だから彼らは空港に殺到した。逃げ遅れたらタリバンに殺される。

撤退とは秘密裏に持ち出す物資を「兵站作戦でほかに輸送する」などの名目をつけて先に運び出し、敵が気付かぬ隠密行動が絶対に必要である。日本軍の樋口季一郎がキスカ島駐留の6000人を極秘撤退させた。この守備隊撤退は、敵米軍が「パーフェクトゲーム」と称賛したほどだった。

アフガニスタンの大混乱では物資の撤退作戦が不能となり、米軍は72億ドル以上の軍事装備を置き去りにした。一部はアフガニスタン政府軍の腐敗分子等が横流しした可能性もあり、また北部同盟が持ち去った分もあるだろう。しかし米軍供与のハイテク武器の殆どが凶悪なタリバンの手に渡った。敵に塩を送ったことになる。これでバイデンがいかに無能かを証明した。

アフガニスタン復興特別監察官のジョン・ソプコは2月になって「アフガニスタン治安部隊が崩壊した理由」という報告書を作成した。

すなわち72億ドル相当の航空機、銃、車両、弾薬、および暗視ゴーグルと生体認証装置が残された。これら装備は米軍がテコ入れしてきたアフガニスタン軍に提供された兵器である。国防総省は少なくとも78機の航空機が9億2330万ドル相当、約9500個の空対地弾薬が654万ドル相当、4万台以上の車両、30万個以上の武器、および特殊な暗視、監視、通信の「ほぼすべて」など、アフガニスタン軍に提供された生体認証技術がタリバンに取られた。

アフガニスタンの監視機関は、「57億ドル相当の放棄された武器、地上車両、通信機器、および暗視、監視、生体認証、測位機器を含む特殊機器の運用状態は不明」とした。

米国下院公聴会は、アフガニスタンでのバイデンの「リーダーシップの驚くべき失敗」と総括した。

おなじことがウクライナで起きる心配はないのか?

コラム

中国から30万人の台湾人が逃げ出した

1980年代、中国が改革開放に転じたとき海外華僑は半信半疑だった。最初は香港の華僑が、それも零細企業がスイッチの部品とか、プラスチック成形機を運んで、人件費の安さに惹かれ中国に進出した。といっても広東語の通じる広州から深圳にかけて進出した地域は限定されていた。広東人にとって上海語はまったく理解できない。

華僑コネクションを通じて噂を伝え聞いた台湾人が、おそるおそる、繊維、プラスチック、玩具、軽工業や機械部品の工場を大陸に移管し始めた。第一に台湾語は福建語の変形だから言葉が通じる福州、厦門あたりへ。第二の理由は賃金だった。アパレル進出の台湾工場では大陸の女工さんたちを台湾の5分の1以下の給与で雇用できた。台湾企業の中国投資ブームが起こった。ウーロン茶製造のノウハウからカラスミの処理方法まで台湾人が大陸へ持ち込んだ。台湾の経営者のなかには現地妻を抱える手合いも夥しく、そのお手当の安さを吹聴したものだった。

ここでマフィアが絡み出した。台湾人の住まいを狙う窃盗、強盗事件が頻発。殺人事件も相当数にのぼった。ついで脅迫、誘拐による身代金、美人局ときた。政治的に見ると江沢民から胡錦濤時代の20年間、中国ではかなりの程度まで商業活動は自由で、ぼちぼちスナックがナイトクラブとなり、高給バーやらワインバー、なかには日本酒の銘酒をそろえたバーもできた。めざましい経済発展がおきた。クラブは大概が銀座の真似でボトルキープの棚が目立った。ほとんどのビジネスホテルにカラオケバーがあった。

１９９０年代に台湾は中国投資を上限５０００万ドルとして正式に許可し始める。台湾プラスチックの王永慶会長にこの頃インタビューに行ったが、上限額を超える投資を中国大陸になすというので「禁止されているのでは？」と聞いた。王は「米国子会社の投資とするので台湾の規制には引っかからない」とあっけらかんとしていた。

金門島の知事に会いに行くと、「台湾から対岸の厦門へ橋をかける」と豪語しはじめ、具体的な青写真を見せてくれた。台湾侵略にミサイルを配備している国に金門島から橋を繋げるのは危険では？」と尋ねた。「大丈夫、われわれは中国人同士、考えていることはわかる」と胸を張った。

２０１１年、中国に40万人の台湾人が駐在、あるいは移住していた。

２０１５年、42万人となった。おそらくピーク、習近平の台湾強攻策が始まった。

２０２０年、往時の半分近い24万２０００人に減った。理由はコロナ、共産党の強硬な態度、そして中国以外への工場移転である。このころ、台湾の世論調査では台湾独立をのぞむ台湾人が過半、現状維持が25・7％、両岸統一を語る人は11・8％だった。

2021年、中国に滞在している台湾人は16万3000人に激減した。その傾向は歯止めがかからず、現在はもっと減っているはずである。主因はコロナ災禍で、工場を休業し台湾へ帰り、そのまま戻らなかった。加えて習近平の独裁が確定し、台湾統一を前面にだして軍事訓練、威嚇を本格化させたため嫌気がさすようになった。

つぎに人件費の高騰で、川下産業の典型、繊維や玩具、雑貨などは中国からベトナムへ、カンボジアへ、そしてバングラデシュへ工場を移転した。台湾企業の繊維の街だった厦門近辺はゴーストタウン化した。

結局、台湾企業も技術を盗まれ、投資した工場は彼らに乗っ取られ、愛人たちはさっさと金を持ち逃げ、投資そのものが間違いだったことに気がついた。

日本企業諸氏、この台湾起業家たちの教訓をどう読むか？

第4章

中国経済の大陥没が起きる

有名女優ファンビンビンが4年ぶりに復活

4年間、消息を絶っていた女優のファンビンビン（范冰冰）は2022年9月になってハリウッドに出現した。米国映画『355』は多彩な国籍の5人の女性スパイが演じるアクションで、彼女の役は香港の組織に潜り込んだCIAエージェント。武闘場面もあった。

ファンビンビンは2018年に突如スクリーンから消え、海外に「不法に取得した」とかの不動産など「脱税」容疑で取り調べを受けたとされた。罰金は146億円という。途方もないカネを当局に巻き上げられた。

暴露屋の郭文貴はユーチューブで、「王岐山（国家副主席＝当時）の愛人となって減刑して貰った」とガセ情報を発信したが、出鱈目だった。中国人の知り合いに聞くと、「かってはトップ女優のチャンツィイ（章子怡）が薄熙来の愛人だった等と、有名人の偽情報はそれなりに売れるので、売名が目的ですよ」と解説された。

「第2のファンビンビン」と言われた女優は鄭爽。テレビドラマ最優秀女優賞も受賞した有名人だが、脱税で51億円の「請求書」とともに芸能界を追われた。

これらはスケープゴートである。

中国共産党が民衆の嫉妬と羨望がこきまざった感情に政治的意図を含めて、大衆の情感に効果的に訴える。脱税とか海外への資産隠匿をすると捕まるのか、もっと上手にやればよいのになぁ、というのが民衆の偽らざる反応だろう。

しかし捕まるのはすべて習近平の政敵か、政治家のパトロンがいない有名人で、習近平派幹部は誰も捕まっていない。だから汚職追放なるキャンペーンそのものが伏魔殿なのである。

中国のM&A（企業合併・買収）の斡旋ビジネスで飛びっきり有名だった「華興資本（ルネッサンス・ホールディングス）」のCEO、包凡が2023年2月から行方不明になった。自宅拘束による監視状態か、あるいは特別の場所で勾留されているか。後者をRSDL（指定居所監視居住）という。

スペインの人権監視団体『セイフガード・デフェンダーズ』（23年3月6日）は包凡が特別収容所に拘留中と報じた。インサイダー取引の黒幕として証券ビジネスで稼ぎ、「江沢民派の財布」と呼ばれた肖建華は、香港の豪華ホテルから拉致され、刑務所にいることが確認された。

包凡は本場のウォール街で株式公開を行う中国企業の引受で第2位の業績を誇り、クレディスイスやメリルリンチを抜いていた。中国企業はウォール街で35億ドルを調達した。しかし上場したばかりの中国企業が虚偽報告や株価操作、会計上の不正を行い、空売り業者による攻撃が相次ぎ、上場廃止に追い込まれ、包凡は微妙な立場に陥っていた。

米国での上場には難しい審査があり、会計監査法人が介入する。企業情報の透明性を求められるから、中国が機密としたかった真実も米国に漏洩したかも知れないし、あるいは、成功を妬んだライバル企業の讒言があったかも知れない。

日本でも土地の爆買いで有名な「復星集団」のCEOだった郭広昌は、2015年に一時期「失踪」した。海外リゾートやクラブメッドの買収で世界に名を馳せたが、数ヶ月後に株主総会に現れた。ただし失踪期のことは一言も喋らない。

復星集団は不動産開発、医薬品、観光、小売りなど手がけたが、武漢肺炎の流行で旅行業が壊滅し、グループが抱える債務は天文学的となった。22年6月時点で負担総額は13兆円余。財務悪化対策で復星集団は資産売却を繰り返してきた。

日本で大学教授におさまっている朱建栄も、中国に帰国中に数ヶ月失踪した。その後、日本に無事帰国できたが、「そのこと」は一切喋らない。3月に突如拘束された製薬会社アステラス製薬の日本人も、中国特有の脅し材料に使う政治的人質と考えられる。

習近平批判をしてきた任志強は18年の禁固刑

当時の国家副主席、王岐山の庇護があったので、好き放題の習近平批判をしてきた任志強は、18年の禁固刑を喰らった。任志強は北京銀行監事、新華人寿保険董事、大手不動産会社「華遠地産」董事長を務めた。

「任大砲」は口にチャックができずに「党・政府が管轄するメディアは宣伝の陣地であり、党を代弁しなければならない」と中国共産党をあざ笑う一方で、「納税者が収めた税金を納税者に対するサービス提供以外に使うな。人民政府はいつの間に党政府に変わったのだ。人民政府が使うカネは党費なのか？　メディアが人民の利益を代表しなくなる時、人民は隅に捨てられ忘れ去られる」と猛烈な批判を展開した。

また「習総書記は道化師」と堂々の論陣を張って民衆から拍手喝采。一時、その放言癖で「任大砲」とも「中国のトランプ」とも言われた。習近平は、あれだけ頼りにした王岐山も御用済みとばかりに遠ざけるようになっていた。任志強は政治的な保護者の影響力がなくなっていることに気がつかなかった。

筆者は香港で自由のために戦った若者たちのイコンだった『リンゴ日報』のジミー・ライ（黎智英）にインタビューしたこともあるが、彼がかつて「李鵬の頭は亀の卵」と言ったことを思い出した。

中国警察が運営する暗黒組織・ＲＳＤＬ

また先に触れたように、アリババのジャック・マー（馬雲）は中国を離れ、スペインからオランダに長期滞在後、半年ほど日本にいた。まるで逃亡者である。

馬雲は少年時代、学校の成績が悪く大学進学を諦めて三輪自動車の運転手になった。対照的に優等生だった「百度」創業者の李彦宏とよく比較される。

馬はインターネットにヒントを得て、中国初の情報発信サイト「中国イエローページ」を創設し、ネット上の商品取引市場を開発した。早くからｅコマースに着目し、オンラインモール「淘宝網」を開設、また孫正義と親しくなり、ソフトバンクグループ（ＳＢＧ）

の取締役にも就いていた。

習近平の怒りに触れたのは「中国にシステマティックなリスクはない。中国にはシステムそのものがない」という国際フォーラムでの発言によるものとされるが、そうでない。アリババは金融子会社「アント」を創業し、上場を予定していたからである。中国共産党が通貨政策を独占管理し、デジタル人民元で国民の監視をさらに強めようとした矢先に、当局が管理できないプライベート銀行なぞ許せるはずがない。

数多くの実業家が突然失踪し、数年後に刑務所にいることが分かるというのは中国では日常茶飯事である。

民間人ばかりかインターポール総裁だった孟宏偉、最高裁判所判事の王琳清らの身にも同じことが起こった。

中国語の「双規」とは、中国共産党の中央規律検査委員会（CCP）とその下部組織が行っている党内の懲戒システム、もしくはそのプロセスを意味する。「規律違反」の疑いがある党員に対して行われる。

通常の法執行機関とは別のシステムで秘密裏に行われ、弁護士や家族と接見も禁止される。多くの場合、舞台裏ではすでに有罪を立証する証拠を確保しているので罪を認めなければ過酷な拷問を受ける。

ＲＳＤＬ（指定居所監視居住）は中国警察が運営している。「指定された時間と場所」で取り調べを受ける。この「拷問取り調べを含む特別収容所」の詳細を誰も知らない。いや、公には存在も認めていない。

国家安全保障会議（ＮＳＣ）が発足して以来の新組織で、経済犯罪で告発された人を調べる任務を帯びている。

雑誌『財訊』がＲＳＤＬにおける拷問死を報じたところによれば、福建省のチェン・ヨンは26日間拘留されて死亡した。彼が標的にされたのではなく、単に調査対象者の運転手だった。遺体を見た家族は、広範囲にわたる拷問の痕跡を報告した。

またある証言では、「部屋は柔らかいゴム製の壁でした。壁に頭をぶつけて自殺しようとした役人が多すぎたため、設置されました」と言う。

「寒さと飢えにさらされるのはごく普通のことです。縛り付けられたり、殴られたり、侮辱されたり、睡眠を奪われたりするような拷問もあります」

ＲＳＤＬは国家機密で、情報が公開されておらず、毎年秋に党大会に提出されるＣＣＤ

I（中央規律検査委員会）の年次作業報告にも含まれない。

こうした暗黒部分を中国共産党は決して明るみにしないが、他方では民衆のナショナリズムを強く掻き立てる術は心得ている。

習近平はモスクワへ向かい、プーチンとサシで話し合って図々しくも和平の仲介を口にした。その一方で中国の地図テキストには、現在ロシア領の沿海州や樺太をネルチンスク条約以前の、清朝時代の地名で記している。樺太はサハリンと呼ばれるが、中国の地図では「庫頁島」だ。ウラジオストックは「海参威」のままである。やがてロシアがへたれば、とりかえすのだという、潜在的決意の表れなのである。

中国全人代では達成不可能な数値目標が並んだ

中国共産党は懲りもせず虚言と誇大宣伝を並べ立てて自慢することが得意である。

3月5日から13日まで開催された全人代では、初日に李克強首相（当時）が演説した。GDP成長目標を5％とし、22年は「コロナ禍と不動産不況にも拘わらず3％伸びた」と白々しい嘘を報告した。李克強は報告書を読みあげながらも、忸怩たる思いがあったのではないか。

都市の新規雇用は1200万人、失業率を5・5%とする。インフレ抑制を3%前後とし、赤字国債の上限はGDPの3%とする。また食糧5000万トンを増産する等とおおよそ達成不可能な数値目標を羅列した。

政府活動報告で目立った表現には「習近平同志を核心とする党中央の力強い指導」、「習同志の核心としての地位と習を中心とする党中央の権威を守る」など、時代錯誤の修辞が続き、「貧困脱却堅塁攻略戦に勝利する」との抽象的で意味不明な表現がある。要するに貧困層を減らし、皆の暮らし向きが良くなるように努力すると言いたいのだ。

内需拡大の項目では「地方政府特別債は3兆8000億元〔76兆円〕とする」とあって、表現に隠れているが、地方政府債務を新規債券発行で肩代わりし、当面誤魔化せと言っているようなものである。

地方政府が乱発した債券は既に1000兆円を超えた（公式には900兆円前後）。

名指しはしていないが欧米のサプライチェーンの分断に関して「製造業の重要産業チェーンに関して国を挙げて重要な核心技術をめぐる難関を乗り越え、ハイテク研究開発と応用促進を加速する。デジタル経済をおおいに促進する」とした一方で、「外資の市場参入規制を緩和し、TPP加入交渉を推進する」と主張した。

同時に「金融」と「香港、マカオ、台湾」の項目で、政府活動報告は何を言ったのか。

「習近平の強軍思想」を貫徹し、環境にも取り組むとしたうえで、金融では「監督監査を強め、地域性、系統性金融リスクを回避する。大手不動産企業の経営危機に対処し、負債比率を改善し、無計画な拡大経営を防ぎ、不動産の安定成長をうながす」。このため「地方政府の債務リスクを防止・解消し、債務期限構造を改善し、利息負担を低減し、新規発行額を抑え、債務残高を削減する」とした。

この箇所を裏読みすると不動産は無謀な計画で大借金の山を築いたが、利下げと期限を延ばして救済措置をとるという意味だろう。そして、なんとか市況の暴落を防げないものかと言っているのである。

「昨年の不動産投資は前年比10%減。それだけでGDPは3%の下落圧力になる。それでも実質3%の成長をとげたとは信じがたい」(田村秀男氏『産経新聞』3月18日付)。

ちなみに全人代が終わった3月20日、習政権の首席補佐官となる中央弁事処長に蔡奇が指名され、また香港マカオ弁事処主任は丁薛祥が指名された。ふたりとも昨秋の党大会で政治局常務委員に抜擢された習近平側近である。

地方銀行では、あちこちで取り付け騒ぎ

中国の地方銀行では、あちこちで取り付け騒ぎがおこり、倒産が相次いでいる。日本のメディアが大きく伝えないので、現地の深刻な状況が分からないかも知れない。この銀行経営危機という中国経済の病理は末期がんである。静かに進行し、やがて死の床につく。

直近でもクレディスイスのＡＴ１（永久劣後債）の紙くず化が間接的な引き金となって、中国の中小の４つの銀行の債権利回りが急上昇した。

湖北省の農村商業銀行と荊門農村商業銀行、山東省の煙台農村商業銀、遼寧省の営口銀行で、23年3月末の償還を見送ったのだ。中国全体の劣後債償還額は４００億元（８兆円）。23年上半期に償還のピークがくる。

内モンゴル自治区フフホトといえばレアアース景気に沸騰しているところだが、一方で、地元の「包商銀行」は3年前に倒産した。

これを皮切りに、河南省、安徽省、遼寧省などの村鎮銀行（田舎の信用組合のような小規

模な金融機関）が口座を凍結したりした。包商銀行はインサイダー取引の黒幕だった肖建華が、監督の届きにくい地方銀行にテコ入れして、株式取引や大がかりな投機行為の財布替わりに活用していた。肖が香港のホテルから拉致されて行方不明となり、不正融資の実態が露呈した。

２０２２年7月には杭州市、南京市などで預金者が人民銀行支店を取り囲んで抗議した。とくに河南省では人民銀行支店前に３０００人が座り込んだ。地元銀行の40万人の口座がいきなり凍結されたからで、ほとんどが小口預金の農民だった。全土に同じ動きが見られ、公安系の屈強な男たちが抗議集会に介入し、参加者を暴力的に排除した。

遼寧省の遼寧農村商業銀行は22年8月に倒産した。原因は同行トップが賄賂をとって不正融資を拡大していたからだった。同行は瀋陽農商銀行が事業を引き継いだ。遼寧太子河村村鎮銀行も倒産した。

政府はこうした不良債権処理に邦貨換算で、１人当たり１０００万円までの保証をしているが、２０１８年から22年末までに注ぎ込んだ不良債権処理の総額は６２７行、52兆円（２・６兆元）にもおよぶ。さらに銀行監査監督委員会、財務省ならびに人民銀行は２８９行に２兆７０００億円弱（１３３５億元）を注入した。砂漠にジョウロで水をやっても何ほどの効果も期待できないが、信用不安をとりのぞこうと当局も必死なのだ。

政権中枢に経済通がいない

それでも中国のあまたある銀行の闇を解決出来る見通しはない。

5大銀行は中国工商、中国建設、中国農業各銀行に中国銀行、そして交通銀行である。ついで有力なのが浦東発展銀行、上海銀行など。これらは国有もしくは公有であって倒産の心配はないが、地方銀行、郵貯のたぐいから農村などの信用組合などは、「信用」の看板があっても信用できないのだ。

第一に中国の人口動態の激変である。農村から都市への移住が激しく、地方銀行の疲弊がある。

第二に地方政府の債務の「融資平台」で債権デフォルトの爆発がみられる。これを「隠し債務」というが、公式に900兆円(45兆元)。このため政府は地方債起債の再開を黙認し、ハイテク都市建設債とかグリーン債とか、じつに適当な、しかも薔薇色の投資だと銘打って金利8%以上のおまけ付きで売り出した。運転資金であって新規投資のためでないことが明らかだから一般民衆はそっぽ、国有企業や保険会社が買わされている。悪循環である。

第三はネット銀行が興隆し、若者ならびに都市生活者がネット上に口座を開設、既存の銀行から預金を取り崩した。

第四はもっと本質的な中国の汚職文化である。銀行トップが融資先から賄賂をとって、不正融資と知りながら裁決するのだ。これらは不動産開発などに振り向けられた。

第五に不正融資先の多くがマフィアなど犯罪集団で、地元の共産党幹部とグルになっているため将来の焦げ付きがわかっていても断れないという地方の暗黒面が反映している。

中国政府は「救済合併」という手段で倒産銀行をほかの地方銀行に押しつけ、事態の沈静化を計った。しかしマグマはくすぶり続けている。その一方で、倒産した不動産デベロッパーに巨費を注ぎ込んで、救済を図るとはナニゴトカと、預金者の不満が爆発寸前である。

習近平は独裁皇帝、なにごとも自らが決済する。それゆえ直面する金融危機にあたって、強権的立場をさらに強化した。経済政策は国務院の専管だった。これを取り上げ共産党の直接管理としたため見通しはますます暗い。

経済通の李克強も王岐山も周小川も不在となった、かろうじて対米交渉をやってきた劉鶴もお払い箱、習近平独裁3期目の政権中枢に経済通がいない。

にも拘わらず党が金融行政を直轄するとしたため、党中央に「中央金融委員会」と「中央金融工作委員会」を設置した。

また中国銀行保険監督管理委員会を基礎に国務院に「国家金融監督管理総局」を新設した。改革の第1弾は銀行員の給与引き下げだった。従来、職員の給料は公務員の2倍以上あった。

習近平は行政組織をいじくるのが好きで、軍のシステムをまず7大軍管区から5大戦区として、次に4大総部（総政治部、総参謀部、総後勤部、総装備部）を15の部局に分割した。軍人の不平たらたらだったが、要するに自分の権力のもとに総てを集中させる党独裁熱中症候群に取り憑かれているからだ。

すなわち中央軍委の「7大部・庁」となったのが中央軍委弁公庁、中央軍委聯合部、中央軍委政治工作部、中央軍委後勤保障部、中央軍委装備発展部、中央軍委訓練管理部、中央軍委国防動員部である。

中央軍委「3大委員会」は中央軍委紀律検査委員会、中央軍委政法委員会、中央軍委科学技術委員会である。

そして「5大弁公室・署・局」とは中央軍委戦略計画弁公室、中央軍委改革・編制弁公室、中央軍委国際軍事合作弁公室、中央軍委審計署、中央軍委機関事務管理総局。それぞれが細かな任務も分からずに右往左往していた。

4大総部体制では軍を動かすのは総参謀部であり装備品、武器の開発、保管などは装備部だから汚職の巣と言われた。総政治部が権力を持っていた。

現在の15の部局では、いったい誰が、どの軍人が軍を掌握しているのかが不明となり、結局効率的な軍の運営という目標ではなく習近平独裁への忠誠を競うような組織改悪である。

金融も共産党直轄になるなんて！

チャイナウォッチャーのなかに中国の体制を「地方分権的全体主義」と呼ぶ人がいる。「習思想」などと意味不明の個人崇拝体制で行政と経済政策が、最高指導部管轄となれば、国務院以下の中央官庁の存在意義はどうなるのか？

いうまでもなく行政機構は無力化し、無骨格状態となり、党中央独裁、いや個人独裁の毛沢東時代と変わらなくなる。

香港とマカオの「一国二制度」の方針を揺るがさずに貫徹すると唱えながら（すでに反古となっているが）、「法に基づく統治を堅持する」とした。香港とマカオの自治を踏みにじったが、「法に基づく統治」と言うのは、その後、勝手に作った共産党支配の合法化のための「新法」を指す。

台湾についても「新時代の党の台湾問題解決の基本方策を貫徹し、独立反対、祖国統一促進を貫き」、「祖国の平和的統一への道を歩む」などと「平和的統一」の美辞麗句を並べただけだった。

そして金融、治安、ハイテクが共産党の直接管理となった。

ここが一番重要なポイントである。

西側の制裁に対抗し、習近平が統制を強化する目的がある。つまり国務院がこれまで専管事項としてきた分野も共産党直轄になったわけだ。

治安では公安、国家安全部と戸籍の管理を共産党内務工作委員会へ移管する。

金融では人民銀行と金融監督部署が共産党のふたつの委員会に権限移管され、科学技術と教育部門が党の専門委員会の直轄となる。

人事面では新首相に経済のド素人、李強が任命された。前任の李克強は北京大学経済学博士号。続投が決まった易鋼（人民銀行総裁）はイリノイ大学博士号を持つ専門家だった。国家副主席には韓正が選出された。王岐山前副主席は完全な引退に追い込まれた。しかし人民銀行総裁に居座ることになる易鋼は中央委員候補からもすべり落ち、もはや飾りでしかない。胡錦濤時代に人民銀行総裁だった周小川にはやや独自政策の裁量権があったが、金融も共産党直轄となれば、政策に柔軟性を希求するのは無謀だろう。まして経済の回復なんて！

海外マネーの逃避が続出している

こうみてくると以下の報道がいかに白々しいか。

中国は米国と並ぶ「特許大国」となったそうな。実態は研究論文と申請件数のおびただしさで、他人の論文の剽窃や横取りも多い。ただしこれからもつれるであろう難題は、日本や米国と中国との共同出願による特許がかなり存在することである。中国と共同研究をすること事態が間違いだったのである。

とくに中国の特許はＥＶ、スマホ、太陽光パネル、電池、レアメタルなどの先端分野に集中している。中国はこれら共同特許も解釈変更で中国の特許としている。トヨタは中国との共同特許が30件、まるで人質ではないか。

筆者が『日米先端特許戦争』を書いたのは１９８３年で、そのときから防衛直結特許は非公開とすべきだと主張してきたが、２０２２年になってようやく国家安全保障に関する特許の非公開が決まり、予想される特許収入は国が保証するという制度ができた。39年かかった。

国際学会での論文数では米国を抜いて中国が１位である。以下、韓国、台湾、日本とつづき、技術大国だった日本の地位低下が顕著になった。10年後に日本人のノーベル賞受賞者はいなくなるかもしれない。

米国企業での問題は、研究者の中に圧倒的に中国人が多く、わけてもテスラの技術陣は中国人が過半である。つまり中国人エンジニアが不在となると、世界各地で生産効率が下降する。一方、中国のＢＹＤがついにテスラの売れ行きを抜いたのである。

ＢＹＤはバッテリーメーカー・比亜迪公司の子会社で、前身は西安秦川自動車だった。同社倒産後、比亜迪が買収し２００３年に設立した。２０１０年には日本の金型メーカーオギハラの館林工場を買収した。中国政府のＥＶ補助金を受け、ＥＶ販売数では世界一となった。

それにしても脱炭素、環境保護という左翼運動の余波で世界の自動車メーカーがＥＶに傾斜したことは、ガソリンエンジンが主力の日米独の自動車産業を落日に追い込んだ。しかしＥＶの今後の発展が電池技術にあるばかりか、充電の必要があるから電気需要が増大することも明らか。発電には石炭、原油、ガスが必要であり、脱炭素にはならないという皮肉な結論がでる。ＥＵ諸国は２０３５年のガソリン車撤廃目標を降ろした。ハイブリッド車は残るのである。

また太陽光発電は寿命10年、雨が降ると役に立たずあちこちで不評な上、熱海の山崩れの原因とされ、勢いが削がれた。太陽光パネル生産も中国が世界一だった。

西側企業の中国撤退が続いているうえ、日米欧は中国へのハイテク輸出を規制し、米国はブラックリストを公表し、日欧にも協力を要請した。とりわけ半導体装置では日本とオランダが米国と協議し輸出停止を申し合わせた。

欧米ファンドも中国から引き揚げをはじめ、中国をのぞく新興工業国家群への投資に分散、米ファンドの日本向け投資は中国へのそれの2倍近くになった。ベトナム、インド、マレーシア、豪州などへ、ハゲタカファンドのKKRやブラックストーンなどの巨大ファンドが投資対象を切り替えた。

この2つのファンドは日本への投資拡大を目論んでいる。中国株への投資も海外マネーの逃避が続出している。アリババ、JD、美団など中国のハイテク企業株から足を洗っているのだ。かような情勢変化に直面する中国が5％成長を遂げるという習近平の方針は、張り子の虎《ペーパータイガー》としか言い様があるまい。

スパイ気球、今度は「スパイ・クレーン」

バイデン政権の中国投資規制はさらに強化された。ハイテクの軍事転用を防ぎ、このため10万ドルを超える中国への投資は許可制とする。中国における増産を5％以内とするなど米中ビジネス冷却をねらう。

過去10年間で米国の対中投資は半減している。

ファーウェイ使用禁止から始まって、孔子学院の廃校、スパイ気球撃墜、ＴｉｋＴｏｋ禁止への世論の高まり、米国の中国封じ込めが度を超した感がなきにしもあらず。

中国国有企業のＺＰＭＣ（上海振華重工）は世界最大の大型クレーン・メーカーだ。廉価なので欧米諸国も輸入する。コンテナを陸揚げし、つり上げてレール上を移動し、所定の位置へ運ぶ超近代的メカ。この港湾クレーンの出現で、重労働だった荷役作業は劇的に変わった。

またＺＰＭＣ社のクレーンは英国海軍の空母「クィーンエリザベス」の組み立て段階でもドックで使われた「実績」がある。このクレーンに遠隔操作が可能なスパイ機器が装塡されていたら？

ＺＰＭＣは「新型のファーウェイだ」と米国で声があがり、情報関係者は「トロイの木馬」として批判を開始した。『ウォールストリート・ジャーナル』などもＴｉｋＴｏｋと同様に問題視した。

米国でも複数の港湾で、ＺＰＭＣクレーンが稼働しており、とくにバルティモア港は２０２１年に４基を据え付けた。「センサーを内蔵し、遠隔操作が可能だから、とくにバルティモアのように軍事基地が近く兵器や軍事物資、部品などの輸出入をモニターされていたとしたら、まさにスパイ・クレーンだ」と米軍関係者は危惧する。

ZPMCは1991年設立、主力工場は上海浦東地区・国際空港の西側に拓ける「上海ディズニーランド」の南側の工場地帯に位置している。また中州の造船所に近い場所にも別の工場がある。

米国の対中制裁「ブラックリスト」は651社

米国の対中制裁「ブラックリスト」は651社となった。

トランプ政権時代に商務省が作成したエンティティリスト（いわゆるブラックリスト）にはファーウェイ、GTEなど六十数社が掲載され、その後、大学で軍事研究をしている哈爾浜工業大学なども加えられ、4月18日には12社が追加された。

バイデン政権となると「人道」「人権弾圧」、とりわけウイグル自治区で生産されるコットン製品や監視カメラのハイクビジョン、ダーファなど155社が追加され、あげくにウォール街に上場の中国企業を締め上げてきた。

電信大手3社など、中国の有力企業は陸続と米国株式市場から撤退し、上海、深圳、なかには香港やシンガポールに上場先を変更した。同時に米国ファンドが中国投資を顕著に減らした。

3月2日、バイデン政権はさらに遺伝子、クラウドに従事する28の企業、団体をブラックリストに追加した。中国企業の「WANTTED」651社のなかには遺伝子解析の華大基因（BGI）関連企業BGIリサーチ、サーバー大手の浪潮集団、CPU（中央演算処理装置）の龍芯中科技も追加された。それぞれの株価は10～17％下落した。

2023年3月1日、在中国米国商工会議所は「中国ビジネス環境調査報告書」（中国語は『美国企業在中国』）を発表した。中国でビジネスを展開する米国企業の過半数が「中国はもはや主要な投資先またはトップ3の投資先ではない」とした。

理由には人件費高騰、環境や労働条件の劣悪さに加えてコロナによる工場閉鎖、サプライチェーンの機能不全をあげ、中国に立地する条件は悪化したことを挙げた。

同報告書に従うと、在中米国企業のほとんどは中国市場から撤退するつもりはないとしながらも、売上高や利益、中国経済の先行きの暗さと投資環境の冴えない見通し、あまつさえ米中関係がきしみ始め、将来の展望が悲観的だと回答している。65％は中国が外国投資をもっと開放するかという展望を抱けず、49％が中国で前年よりも「人気がない」と考えている。とくに消費財業界では56％である。

「中国から撤退するか、どうか」という質問には74％が中国市場でまだ継続的にビジネスを維持発展させたいとする一方で、12％が中国撤退を検討中と回答した。

この調査は在中米国企業の有力社数百を対象に毎年実施してきたもので、きわめて信頼性が高いとされる。

同商工会議所は1991年4月に民政部に登録された。中国・米国両政府（地方政府を含む）の協力、およびコミュニケーションのためのプラットフォーム構築など積極的な両国関係の維持を目指している。

ウイグル残酷物語は続いている

世界の関心はひたすら疫病対策にあり、中国国内に於ける圧政、少数民族弾圧のニュースをあまり見かけなくなった。

日本でも武漢肺炎をいつのまにか新型コロナと言い換え、中国の責任を忘れさせる宣伝に乗っかっている。

人権抑圧だといって中国批判の先陣を切ったフランスが変身第一号。23年4月6日に訪中したマクロン仏大統領は習近平にゴロニャンと近づき、60機のエアバスの注文を貰った。習近平はマクロンが使える駒とみて広東省視察にも同道するほどの厚遇だった。

チベット弾圧で悪名を馳せた陳全国（元河北省省長。その後左遷された）が、2016年8月に新疆ウイグル自治区の書記に任命されて以来、ウイグル族への無慈悲な弾圧が強化された。

この人権無視に怒った欧米はウイグル産コットンの輸入を禁止したばかりか、それを使った疑いがあるアパレル製品も輸入禁止とした。このためユニクロの一部の製品が米国税関で差し押さえられた。

陳全国が党の命令にしたがって実施した目を蔽うような弾圧は100万人以上のウイグル人強制収容所を砂漠に急遽、造成し、事実上の「監獄」を「再教育センター」とか、「職業訓練所」と称してウイグル族を片っ端から収容した。

所内では漢語の強制、豚肉を食べさせ、ウイグル族の文化的背景、イスラム教の影響を抜き取り、漢族風に洗脳する目的だった。

中国語を教え、中国の法律を叩き込み、そのうえ中国共産党の獅子吼する「愛国」教育を徹底させた。その一方で、縫製、メカニカルエンジニアリングからホテルの清掃のやり方など教育、訓練した。反抗したウイグル族が相当数、拷問され、収容所内で死亡した。その臓器が売られる流通機構があって、身の毛もよだつ話はウイグルからの亡命者が証言している。

こうした残酷物語は海外亡命に成功したウイグル族女性によって米国議会の公聴会証言で明らかとなった。米議会は超党派で中国への批判を強めた。

トランプ前政権はウイグル弾圧に用いられたとして監視カメラ、顔面識別、ＡＩ技術を製造するハイクビジョンなど、中国企業の28社を取引停止とした。

ウイグル族の工業地帯への移動は、安く酷使できる労働者の増強という目的に加えて、ウイグル女性と漢族男性との結婚奨励（かたちをかえた民族浄化）にあった。結婚は半ば強制だった。強制収容所から中国全土への移送が開始され、工場へ労働者として送られ、狭い寮で生活し、外出は出来ず、賃金は月給１２００元から４０００元程度。つまり「監獄から、別の監獄へ」移動されただけなのだ。

２００９年に殺人事件が起きてウイグル騒動の発祥地となった広東省の玩具工場なども数万人の労働者の受け入れを発表、福建省のアパレル工場にも派遣が決まった。移動を強いられる地区は武漢ウイルスの感染が大きい地区でもある。

豪のシンクタンク「豪戦略政策研究所」のレポートは、８万名が移動したとした。

「水、干、疫、蝗」が王朝を滅ぼす

疫病が王朝を滅ぼしてきたという過酷な歴史を持つ中国は、その規模によって世界史をも変えてきた。

「水、干、疫、蝗の循環」が中国史をつくったともいえる。大洪水、干ばつ、疫病、とりわけ伝染病の大流行、そして間近に迫ったと警告の出ているのは、東アフリカから南西アジアに猛威をふるう蝗の大群である。

２０２１年、22年には４回の緊急会議をひらいて対策を練ったのは蝗害対策だった。

随、唐、元、明、清などの王朝はこれらの災禍によって崩壊し滅亡した。日本の場合は地震、台風、まれに火山の噴火、もっとまれに飢饉が起きたが、中国の荒荒しさに比べると規模が小さい（火山噴火が滅亡の原因となった典型は鹿児島上野原縄文集落で、紀元前7500年前）。中国では飢饉が屡々繰り返してきたから人肉を食するし、けだものも好物、ハクビシン、コウモリ、何でもござれ。

「水、干、疫、蝗」が周期的に、連鎖的におき、例えば水害地跡には疫病が流行し、干ばつに見舞われれば蝗が異常繁殖して人に害を及ぼす。原因は異常気象と文明による自然破壊だ。紀元前1766年から1937年までの3703年間に水害、干ばつ、蝗害、雹、台風、地震、大雪などの天災は合計5258回もあった。

エイズ禍も似たようなもので、情報隠蔽が被害を激甚にしてしまった格好の例である。2000年代初めに河南省で流行した原因は献血の奨励と注射針の使い回しだった。不潔な性行為ではなく罹患者の血液を採取した、その同じ注射針で、まったく感染していなかった人たちからの献血を受けた。当初の発表は22517名だった。

しかし中国医療衛生世界のトップだった衛生相の張文康が2001年6月に開かれた国連総会の特別会議に出席し、「中国のHIV感染者が60万人に達する可能性がある」と認めた。国連は100万人ではないかとし、NGOの専門家チームは120万人と発表し、河南省の文楼村は「エイズ村」として悪名を轟かせた。

２０１９年からの武漢肺炎（コロナ禍）は終息の兆しが見えた。しかし数年後に次の疫病がまた中国で猛威を振るい始めるだろう。

「習独裁3・0」が始まったが……

ＩＭＦなどの中国経済成長率予測は４・３％から４・４％程度。全人代が宣言したＧＤＰ５％という目標はＩＭＦよりチト高い数字を並べてみただけで、財政赤字はＧＤＰの３％以内におさえるとした。

全人代はコロナ対策への成果、ウクライナ戦争への態度などには触れず、若者等の失業対策も触れず、不動産市場の崩壊に関しての言及もなかった。

しかし中国人民解放軍に投入する軍事費は７・２％の予算増で、30兆５５００億円（日本の防衛予算の五倍）。とくに台湾侵略に必要な戦車揚陸艦、揚陸輸送艦を52隻、台湾向け戦区の陸軍を41万６０００人とし、ＩＣＢＭ３００基、弾道ミサイル潜水艦６隻など、軍拡の中味の充実ぶりが目立つ。

また注目すべきは地方政府の債券起債枠を75兆円としたこと、つまり借金の山を積み上げていく実態の黙認である。むろん「インフラ債券」という名前で起債するが、実態は借金の返済、リスケとみられる。

少子化対策、健康保険基金の債務超過など制度改革は触れず、景気浮揚を鼓吹するにしては元気のない内容となった。

世界的な投資家として知られ、前テンプルトン・エマージング・ファンドCEO、マーク・マビウス（現「マビウス・キャピタル・パートナーズ会長）は「中国投資から撤退中だが、上海のHSBCの私の口座からお金が引き出せないことになった」とFOXニュースのインタビューで語った（3月2日）。中国は極めて厳しい外貨持ち出し制限をしている。外国人の個人口座からの引き出し額は年間5万ドルまでに規制されている。

マーク・マビウスは新興企業で伸びそうな会社を自家用ジェット機で訪問し、世界中の経営者に直接会って投資を決めるという直截で戦闘的な方法をとった。そのマビウスも中国投資を畳みつつある。

全米最大の投資グループ「バークシャー・ハサウエイ」を率いるウォーレン・バフェットら欧米投資家の中国離れも顕著となった。

「中華民族」という民族は文化人類学上、存在しない

日本人は中国への幻想から目覚めなければならない。

中国共産党の御都合主義が創造、もしくはでっち上げた「架空の民族」が「中華民族」である。夢想家だった孫文が最初に言い出した。

そもそも中国という国家は史上に実在しなかった。ならば歴代、伸縮を繰り返しながら存在した権力実態とは王朝である。夏、殷、秦、漢、新、後漢、魏呉蜀、隋、唐、金、宋、明、元、清という独裁王朝であり、さしずめ現代は共産党王朝だ。

構造的に古代王朝の延長だから皇帝と眷属とそれを守る兵隊、のこりは奴隷である。共産党が現代王朝の中枢であり、人民解放軍は党の傭兵である。国軍ではない。したがって国のために死ぬという忠君愛国の精神はない。

そもそも「中国五千年」という歴史は捏造でしかなく、国名、歴史、民族、言語、領土、領海などすべては「創造」されたのだ。

「中華民族」とは何かが理解できず中国によく取材に出向いたとき、多くの人に聞いた。

『中華民族』とは漢族を意味するのか、現在のシナ大陸に住む人々すべての総称なのか？」と。

内モンゴル自治区オルドス南方の砂漠地帯へクルマで1時間ほど行くと、ジンギスカンの御陵がある。現地のガイドに聞くと「彼はモンゴル人だけど、歴史上の英雄だから『中華民族』なんだ」と答えた。なるほど、中華民族という便利な言葉で同胞に組み入れてしまった。習近平が呼号する「中国夢」も55の少数民族が一致して夢を見るという幻想の賜と言えそうだ。

かつて清朝の大学者だった梁啓超は国家の基本は「家、家族」ではなく「民族」であると考えていた。１９０４年にはじめて「歴史教科書」がでたとき、歴史家の夏曽佑は国家の基本を「家、家族」という儒教的価値基盤に置いた。これでは愛国心を育てるにはたいそうな難儀をともなうだろう。

ビル・ヘイトン著、小谷まさ代訳『中国という捏造』（草思社）は言う。

「『中華民族』という概念がようやく共産党の理論家たちに受け入れられたのは１９８０年代半ばになってのことだ。その礎を築いたのは、30年前に最初の民族分類計画に携わった人類学者の一人、費考通である。彼は『中華民族多元一体構造』を論じ、各民族にはそれぞれ独自のアイデンティティを有するかも知れないが、どの民族も『中華民族』としての一体性という主要なアイデンティティをもつとした。この理論は、蔣介石の見解にきわめて近い歴史観に基づく。つまり中国の歴史の流れは、異なる民族がひとつに融合する物語である」と言うのだ。

さはさりながら、中国のほとんどが捏造であるという指摘はいまや常識だから、おどろく人は少ないだろう。

民族的に言うと華南人たちは北京、天津等を「北の人」という。まったく外国人扱いで同胞意識はない。北京、上海から見れば、旧満州は夷、南モンゴルは「蒙古」と名付け、さも文明が遅れた野蛮人というイメージを抱いている。

十数年前に四川省の山奥で足裏マッサージを受けた。チベット族の若い女性が働いており、両親はラサにいるという。北京語での会話だったが、チベット語は「両親は喋りますが、わたしたちの世代はチベット語はしゃべれません。北京語だけです」と平然としていた。

おなじ悲劇は南モンゴル、旧満州でおこり、いま、何が問題なのかと言えば、漢族の地域にもこれが拡がって、上海語も広東語も福建語も強制的に北京語に置き換えられていることだ。

台湾は共産党独裁からは遠い民主国家だが、内戦に敗れて台湾へ逃げ込んだ蔣介石以来、学校と職場で北京語を強制したため都会の若者たちは、本省人であっても台湾語を喋らなくなった(しゃべれなくなった)。

台湾の台中以南では北京語より圧倒的に台湾語を喋る。半世紀前、香港へ行くと広東語の世界で、北京語はまるで通ぜず、会話は英語だった。香港の若い人は流暢な英語を喋る人が多かった。それがいまの香港では北京語が支配的となった。言語統一が進んでいるのである。シンガポールではいまも英語が主体だが、北京語がかなり普及してきた。

「1997年に香港が中華人民共和国に返還された折も、公にはこの慣行(なんとなく広東語が公用語だった)が変わることはなかった。道路標識や公の建物でも伝統的な繁体字が使用され、政府や立法機関でも引き続き広東語が使用されていた」(ヘイトン前掲書)

習近平が一国両制度を50年とした約束を反故にして、あんぐりと香港を呑み込んで以来、広東語は廃れ、急速に香港も北京語化した。独裁をきらう香港の十数万人は主に英国、カナダ、豪州へ移住した。一部の自由民主活動家は米国と台湾へ移住した。

中国各地でも言語弾圧に抗議の声があがった。というのも2017年に教育部が「20

20年までに人口の80％が『普通語』をはなせること」を目標としたため、多くの地区で反対の抗議活動が起きたのだ。

「言葉とは誇り高く掲げるシンボルである。地域言葉は地域住民としての、さらには民族としてのアイデンティティすら思いおこさせる」（ヘイトン前掲書）

マンダリンとは標準語というより「北京官話」のことで、正確にいうと、「普通語」を意味しない。

書く言語と喋る言語は分かれていた。だから言行不一致はインモラルという感覚はない。

陽明学のいう「言行一致」という人生訓、道徳的規範は、人間が追い求める価値ではないと考えている。

漢字は中国人なら誰もが読めるとする想定は間違いで、普通語は中国全土で通用すると多くが誤認しているが、方言は2000ほどが言語学者によって確認されている。

ことほど左様に言語ひとつをとっても、中国語なるものは「創造の産物」であり、歴史も国家も中華民族もでっち上げだと、日本でも黄文雄、石平、宮脇淳子の各氏らが唱えた。

それでも中国への油断は禁物

渡邊哲也著『習近平の本当の敵は中国人民だった！』（ビジネス社）は次を指摘する。
「そもそも台湾有事は仮想リスクである。しかし、それが現実味を帯びて語られることでリスク対応が進む」（中略）「軍事的対立が起きれば（中国はひとつという原則を）『尊重』が『否定』に変わるわけだ。そして、それは習近平の墓石となる。いまのロシア、プーチンと同様の扱いになる」

されど「ロシアの政治家とオリガルヒ、中国と共産党幹部の構図は類似している。中国が他国と衝突した場合、共産党幹部の口座は凍結される。また中国の外貨準備も凍結される。中国とロシアの違いは、中国が輸入国であることで（中略）、ロシアが戦争を継続できるのは、ガスや石油の決済代金がはいってくるからで、中国はその構造にはない」。

公称2ヶ月といわれる中国の石油備蓄、実態は30日分しかなく、戦時となると、その半分の15日しか備蓄がなくなり戦争継続能力がない。日米は２０２２年5月の「日米共同声明」で「重要技術を保護し育成し、それぞれの競争優位を支援し、並びにサプライチェーンの強靱性を確保するために協力する」とした。

「半導体協力基本原則」を再確認したわけで、すなわち6G世代の半導体を中国には渡さない。23年には、日米とオランダが半導体製造装置を中国に輸出しないことでまとまった。

それゆえに中国は逆立ちしても最先端技術を取得できないと、渡邊哲也氏は前掲書で予測するのだが、これは、やや楽観的ではないか。

中国は国民がパンツ1枚になっても原爆をつくると周恩来は見得を切った。信じられないことに、中国はいまや米国に届くＩＣＢＭを数十発保有している。

あの技術基盤や産業の裾野の脆弱性から判断して「宇宙開発なんぞ、とても、とても」と馬鹿にしている間に、中国は月に有人ロケットを飛ばし、キラー衛星を確保した。

中国海軍はオモチャの段階、沿岸警備隊の延長だとなめきっていたら、空母を3隻保有した。

ことほど左様に中国は自力で半導体製造装置や3ナノ半導体を、いずれつくってのけるだろう。研究開発費予算は米国に迫り、まして3月の全人代は「科学技術開発」の特別委員会を共産党直轄として国務院から取り上げ、国を挙げて集中する方針なのである。

おのおのがた、御油断めされるな！

第5章

グローバル・パワーとして振る舞いだした中国

蔡英文総統を巡る政治の攪乱

4月5日、マッカーシー米下院議長（共和党、カリフォルニア州選出）が蔡英文（台湾総統）と米カリフォルニア州のロス郊外で会談した。

蔡総統は中米訪問の帰路にトランジットし、ロス郊外「ロナルド・レーガン大統領図書館」で講演した。同図書館は共和党政治家がよく講演に招かれる。

マッカーシー下院議長はかねてから台湾を訪問する希望を述べていたが、昨年8月のペロシ議長の訪台で台湾領空に警戒態勢が敷かれ、中国軍がこれみよがしの軍事演習を展開したこともあり、訪台は検討課題である。

『フィナンシャル・タイムズ』（FT）に拠れば、中国の反発を避けるため蔡総統がマッカーシー議長を説得し、台北ではなくカリフォルニア州での会談を要請したのだという。

その2日前に馬英九元台湾総統は12日間の予定で中国訪問に旅立った。3月27日に上海浦東空港へ到着、新幹線で南京へ移動、まずは孫文の墓参り、その後、武漢、長沙、重慶などを訪れた。学生訪問団を率いており、各地で意見交換などを行った。公式日程には中国共産党要人等との会談予定はないと事前に発表していた。

同じ27日、鴻海精密工業のCEO郭台銘が米国へ向けて旅立った。やはり12日間の予定でワシントンのシンクタンクなどを訪問し、ハイテク企業幹部らとも意見をかわした。実はこの郭台銘訪米のニュースの方が、馬英九の訪中報道より扱いが大きい。

理由は単純明快。馬英九は「過去の人」でしかなく、国民党内でも影響力はほとんどない。台湾の重要政策に関与する立場ではないから軽視するのだ。郭台銘は台湾実業界を代表するビジネスヒーローである上に、次期台湾総統選に立候補している。

国民党は朱立倫党主席（馬政権下で副首相。新北市長を歴任）への候補者一本化がまとまらず、次期総統選候補選びが混迷している。それゆえこのタイミングで派手な訪米パフォーマンスを演じる郭台銘にメディアのスポットがあたる。郭は予定を早めて台湾へ帰国し、正式に総統選への立候補を表明した。

混沌としてきた台湾政治の攪乱要因のもう1つが柯文哲前台北市長の動きだ。統一を訴える柯文哲は意表を突く政治スタイルで新世代に人気があり、もし出馬するとなるとむしろ民進党の支持層に食い込むため、国民党に漁夫の利が転がり込む。

しかも馬英九の大陸訪問も郭台銘の米国行きも、意図的に蔡英文総統訪米前にわざわざタイミングを合わせた。政治的計算が露骨である。

最大のヒットは米国議員団との会合

3月29日からの蔡英文総統の「民主パートナーとの共栄の旅」の最大のヒットは米国議員団との会合である。

往路のニューヨークで下院民主党トップのハキーム・ジェフリーズ院内総務と面会し、翌日にはダン・サリバン議員（共和党）、ジョニー・アーンスト議員（共和党）、マーク・ケリー議員（民主党）の3人の上院議員と朝食会。帰路のロサンゼルスではケビン・マッカーシー下院議長とマイク・ギャラガー下院「中国問題特別委員会」委員長と会談した。同委員会所属議員多数が同席した。

マッカーシー下院議長は会談後の記者会見で「米国は今後も台湾への武器売却を継続し、武器が速やかに台湾に届くようにしなければならない。また貿易や先端技術の分野での経済協力を強化するとともに両者の共通の価値観を引き続き促進していくべきだ」と述べた。

4月7日、中国共産党中央台湾工作弁公室は台湾の駐米台北経済文化代表処（事実上の台湾大使館）の蕭美琴代表（駐米大使）と彼女の家族の中国本土と香港、マカオへの渡航を禁じる制裁を科した。蔡英文総統がマッカーシー米下院議長と米国で会談したことに対する報復措置はこれだけだった。米国議員団への制裁はなかった。

蕭は「別に、行く必要もなければ行きたいとも思わないわ」と、発言したかも知れない。

中国の言い分は、蕭美琴代表が「下心をもって両岸（中台）の対立を引き起こし、台湾海峡の平和と安定を破壊した」とし、「国家主権と領土保全を守り抜く強靱な決心と強大な能力を見くびってはならない」と強調した。

蕭美琴はジュリア・ロバーツ似の美貌の才媛で、90年代には民進党の外国プレスのスポークスウーマンを務めていた頃から台湾政界で有名な存在だった。台湾立法委員（国会議員）時代に筆者はインタビューに出かけたことがあった。2期目は国民党の金城湯池といわれた花蓮選挙区で国民党候補に挑み、競り勝った。その選挙本部を取材したこともあった。蔡英文総統の最側近で神戸生まれ。半年ほど郡上八幡でホームステイした経験があり、片言の日本語を喋る。

台湾へ欧米から要人訪問のラッシュ

台湾へ欧米から要人訪問のラッシュが続いている。

北京の外交関係者は切歯扼腕、そのたびごとに「断固たる報復措置を執る」と息巻くが言葉だけである。

米国下院議長は大統領潜在候補のナンバー2である。昨年8月のナンシー・ペロシ議長（当時）の訪台は大きな波紋を呼んだ。そして台湾へハープーン・ミサイル400基の供与が決まった。ハープーンはウクライナ戦争でロシア軍を痛めつけた。

欧州主要国は陸続と大型の台湾訪問団を組織し台北へ入った。

2023年3月21日、ドイツ連邦教育研究省（BMBF）のベッティーナ・シュタルク・ヴァッツィンガー大臣が台湾を訪問した。ドイツの閣僚訪台は1997年以来26年ぶりとなった。

また、160名の大型訪問団がチェコからやってきた。3月25日、チェコのマルケタ・ペカロワ・アダモワ下院議長率いる大デレゲートだ。アダモワ議長の台湾訪問は初めてだが、記者会見で、「チェコの台湾訪問団は史上最大規模だ」と紹介し「今回の訪問を通じて半導体分野での協力の深化につなげたい」と期待を表明した。

チェコからは2020年にもミロシュ・ビストルチル上院議長が訪台している。立法院の演説で「私は台湾人」と発言し、台湾への連帯を訴えた。チェコと台湾はプラハ市と台北市が姉妹都市協定を結び、21年8月にはミロシュ・ビストルチル上院議長やプラハ市のフジブ市長など代表団90人が訪台した。

フランス議員団もマクロン大統領の親中路線を横目に、台北へ使節団を派遣し、米国の議員団に到っては五月雨式に、訪問が数次におよんだ。

リトアニアは中国による新疆ウイグル自治区のウイグル族への圧力をジェノサイドと認定する決議案を可決し、中国中東欧首脳会議（17プラス1）からの離脱を宣言した。

かくしてリトアニア、チェコ、ドイツなどが台湾との関係強化をはかる背景には、ウイグル族への人権弾圧や「一帯一路」経済圏構想への幻滅など中国自身が招いた反中感情が誘因となっている。

「孤立」を強めているのはむしろ北京ではないのか。

近日中に人民元の下落がおきる

２０２２年末の統計で、中国の米国債保有額は８６７１億ドルだった。その後、米国の金利の上昇が続いたため海外勢は米国債を購入し、ドル高と金利高で利益をあげた。ところが利にさといはずの中国は米国債の保有額を減らし、23年１月には８５９４億ドルとなった。

ピークは２０１３年で１兆３０００億ドル前後を保有し、日本の保有高をぬいていた。その位置は10年近く不動だった。ちなみに日本の米国債は22年末に１兆７６０億ドル。23年１月には１兆１０４０億ドルに微増させていた。海外勢も多くが買越しに転じていた。

余談だが、この米国債には金利が付く。かりに４・75％として、１年の金利をならして計算しても５２４億ドル、１ドル＝１３０円として６兆８１７８億円となる。これは特別会計に編入されているので、防衛増税などしなくとも防衛予算へ回せるはずなのだ。

閑話休題。保有額の枠内でドル取引を行うため、中国は米国債を断固保有し続ける理由があった。これを担保として外銀からドルを借りることが出来るからだ。

いまドルの裏打ちのない人民元が通貨供給の6割を超えていると専門家の田村秀男氏は見積もっている。となると経済理論上から考えれば、近日中に人民元の下落がおきる。ソロスのように通貨戦争を仕掛ければ、為替差益で儲かるファンドが出るだろうが、同時にそれで大やけどを負うのも米国ファンドである。だから通貨戦争を欧米は中国に仕掛けないのだ。

中国がドル建て債権を減らし始めたのは外貨準備の払底、ついで中国特有の中華思想が醸し出す強気の政治感覚が原因である。

第一に人民元のシェア拡大、すなわち通貨覇権を狙う焦りである。

第二にウクライナ戦争でロシアからの原油とガス輸入決済に人民元が可能となったからだ。ドル建てを減らせば、その分ユーロ取引も可能となる。

第三にSWIFTから排除されたロシアを支援するため、中国の銀行間送金システムのCIPSが本格稼働し始め、ユーロなど通貨に切り替えても取引が成立することとなった。

第四にロシアと中国は経済苦況にもかかわらず金保有を激増させていた。23年3月速報で中国の金備蓄は2068トンとなった。

これらに連動し、米国債保有を減らしたのも、ドル基軸体制に代替できる人民元実現を目指し、自国通貨の強化、ＩＭＦのシェア拡大を目指すという壮大な夢を描いているからだろう。それが夢想でしかなく実現性が低いと、習近平の周辺で諫言する幹部がいない。

中国が仲介したイランとサウジ、修復の意味

中国が仲介し、犬猿の仲だったサウジアラビアとイランが外交を回復させた。メディアはこれを「中国外交の勝利」、「バイデン政権の大失策だ」と分析したが、はたしてそうか？

仲介を言い出したのは22年12月8日にサウジを歴訪した習近平である。サルマン皇太子に打診した。当時メディアが騒いだのは中国がサウジに石油決済を人民元でという提案があったという報道ばかりだった。

サウジとイランの対立はスンニ派とシーア派の対立ゆえ１０００年を超える怨念がこもる。表面的な仲直りは政治的打算以外の何物でもなく、おりしも中国がしゃしゃり出たことは両国にとって渡りに船だった。

第一にイエーメンにおける代理戦争に双方が疲れを見せていた。イエーメンの反政府武装勢力「フーシ」にイランは武器援助をしてきたが、サウジが越境攻撃を開始したうえ、ＩＳなどのテロ組織もフーシを批判するようになった。米国はイエーメン安定のため、サウジとイランの国交回復を前向きに評価するとブリンケン国務長官が語った。

第二にシリアにおける代理戦争はロシア、トルコが支援主体となってＩＳ（テロ組織）ならびにイラン系テロリストのヒズボラ等が追い込まれ、イランとしては他の選択肢を模索していた。イランは中国とロシアの均衡をたもつため、オマーン沖合で中露イラン合同の海軍演習を行うなど軍事的な示威行為も激しくなっていた。

第三に米国との関係である。サウジにとって米国との関係は死活的重要性を帯びていた。それゆえに１９７４年にペトロダラー体制という密約が成立し、サウジ王家の安全を米国が保証し、必要な武器供与を持続する見返りにサウジは石油決済をドル建てとし、余剰資金で米国債を購入してきた。

米国にシェールガス増産が実現して、サウジの地政学的重要性が稀釈されたうえ、カショギ暗殺などの行為に対し、人道上の観点から猛烈に批判するようになって、サウジは飽き飽きしていた。かと言って安全保障上、米国と決定的な対立を避けなければならない。

3月10日にはボーイング787機を121機発注した。78機を正式契約、のこりの43機がオプション。総額は370億ドル。

第四にウクライナ戦争が派生させた新状況がある。サウジはモスクワ寄りとなり、同時に中国が石油最大のバイヤーだ。そのイランもモスクワへドローンを提供していた。イランの3月13日報道ではテヘランがロシア製ジェット戦闘機のスホイ35をモスクワに発注する。共通の地盤が醸成されていた。

第五に周辺国がイスラエル敵視を止め、イランが孤立した。イスラエルと共存し、和平を維持することがエジプト、UAE、オマーン、ヨルダンなどの共通の利益となったためイランは活路を求めて、23年2月に中国をライシ大統領が訪問した。

珍事があった。イラン元国王の長男レザが4月16日にイスラエルを訪問した。

問題はもうひとつある。カタールの放送局、アルジャジーラが指摘したが、イスラエルのイラン核施設空爆作戦は、サウジ上空を通過するための黙認が必要（イラクには米軍が駐屯しているがイランの防空システムが迎撃態勢にある）、しかしサウジのイラン接近により、このオプションはやや難しくなったのでないかと分析した。

サウジ、中国に新規100億ドルの製油所建設

サウジアラビアが米国と露骨に距離を置き、中国が企図するペトロダラー体制への挑戦に協調姿勢をみせた。

中国がドル基軸システムに風穴を開けようとしているのは明白だが、サウジも中国と共同歩調をとるのか。昨年の師走にサウジを訪問した習近平が石油代金の人民元決済を要求し、サウジは「時期尚早」としたが、舞台裏では着々と長期計画が進んでいたのだ。

サウジアラムコは、中国北東部（旧満州）に100億ドル規模の石油精製ならびに石化コンプレックスを建設すると発表した。この大規模製油プラントは日量30万バーレルを精製し、このうちの20万バーレルを中国に供給する計画。アラムコと中国企業2社との合弁事業となり、建設工事は23年後半開始、完成は2026年の予定。

アラムコがシノペックと組んで日量32万バーレルの製油所コンプレックスを建設する契約とは別の新規案件である。しかもアラムコは中国石油コンプレックスの10％の株式を36億ドルで取得することで合意している。サウジは本格的に中国と組むということである。

こうしてアラムコはサウジ国内精製能力の拡充をはかりながら、同時に中国で精製および石油化学への投資を優先してきた。あわせて日量50万バーレル！

ところが、サウジの金融異変は欧州で発生したクレディスイスのＡＴ１債権が紙くず化したことで、最大の被害を被ることとなった。３月27日、サウジナショナルバンクのフデイリ会長が責任をとって辞任した。フデイリ会長はクレディスイスの破綻が伝わったときに、「追加出資はない」と拒否したことが破綻の切っ掛けとなったとされた。

ハンガリーは中国との関係強化

ＥＵとＮＡＴＯの加盟国だがユーロには加わらず、対ロシア制裁でも欧米の合唱から距離をおくナショナリストの国がある。人口１０００万人のハンガリーだ。

ハンガリーは東洋遊牧民族マジャール人の流れを汲む。かつて「オーストリア・ハンガリー帝国」の首都はブダペスト。「美しき蒼きドナウ」を代表する古都は壮麗なる景観、多くの中国人観光客が目立つようになる。

ハンガリーは欧米の対中制裁からの距離を置いて独自な歩みを示し、ＢＲＩ（一帯一路）

プロジェクトを前向きに受け入れた。

ドイツが華為技術（ファーウェイ）の携帯電話、中継局への規制を発表したが、一方のハンガリーではブダペスト郊外に大きな華為技術のオフィスがあり、中国主導の「17＋1」のなかでも、とりわけ中国に協力的な姿勢を示してきた。

第一にハンガリーにおける「一帯一路」がらみのプロジェクトでは、ギリシヤのピレウス港からセルビアのベオグラードを経て、ブダペストへ通じる鉄道の建設がある。この大プロジェクトに中国は17億ドルの融資を決めた。ピレウス港の管理運営権は中国が30億ドルで買収済みである。、

第二はブダペスト郊外に50万平方メートルの敷地を提供し、ここに中国の上海復旦大学ハンガリー校を建築する。中国が13億ドルを投じ、ＡＩの開発研究センターとして５０００人規模の大學になるという。反対するハンガリーの若者1万がデモをしたが、現在、ハンガリーの５つの大学に孔子学院が健在である。

第三のプロジェクトはＣＡＴＬ（寧徳時代新能源科技）が、ハンガリーにＥＶ電池工場を建設することだ。ＣＡＴＬは世界シェア37％を誇る電池製造企業で、テスラにも電池を供給している。

筆者がはじめてハンガリーを訪れたのは1991年頃だった。作家の中村彰彦氏とあちこちをぶらついたが、東ドイツからの脱出組がハンガリーを抜け道に使ったため、バラトン湖には東ドイツ人がごまんといた。

市内には巴里（パリ）のムーランルージュ・キャバレーが盛業中だった。それから20年ほどして再訪したが、見違えるほどに近代的なビルが立ち並んでいた。

このようなEU諸国内の温度差、亀裂に決定打を打つのがフランスの変身である。マクロン仏大統領は「欧州が米国に追従しなければならないと考えるのは最悪」と言ってのけたのだ。

フランスでは左翼政治家でもドゴールの真似をしたがる。「フランスの栄光と独立」を訴えると選挙で受ける。まるでナショナリストの愛国政党「国民戦線」のルペンが言っていることと同じである。フランスの指導者はつねに大国に抗しているポーズ、主権を著しく声高に主張するから、リベラル派でも国家主義者かと勘違いしてしまう。

4月第2週にフランス議員団の台湾訪問を横目にしながら、マクロン大統領は平然と訪中し、中国で大歓迎を受けた。マクロンは中国で「ミニ・ドゴール」を演じた。習近平も異例の歓待で夕食会も2回、そのうえ広州にまで付き合って茶会を愉しみ、庭園を歩く光景は、習がマクロンを諭すような画面を選んでテレビニュース番組で流し続けた。習近平は「米欧同盟に亀裂をいれた中国外交の成果だ」とボリュームいっぱいに宣伝したかったのだ。

4月9日、マクロン大統領は帰国の大統領専用機で『ルモンド』政治部との会見に応じ、「欧州は台湾に関して米国や中国の『追随者』であってはならない」。つまり「台湾問題でアメリカのような関与政策からは鮮明に距離を置くべきだ」と述べた。台湾支持を訴えるアメリカに追随しないという方針を遠回しに表現したのであり、「私たちのものではない台湾の危機に巻き込まれるリスクがある」という表現をした。

ワシントンは以前からマクロンに不信感を抱いてきた。ウクライナ戦争の緒戦では、モスクワとキエフの間をマクロンは廊下鳶のように動き回り、プーチンからも相手にされなかった。マクロン大統領は「私たち欧州人はアメリカの方針と中国の過剰反応に追従しなければならないと考えるのは最悪」と言った。たぶんドゴールなら英米に向かってそう言っただろう。

「フランスの見解が米国と重なる部分を明確にする必要があるが、それがウクライナ、中国との関係、または制裁に関するものであるかどうかにかかわらず、私たちはヨーロッパの戦略を持っており、西側vs.中露という対立構造には加わりたくない」。マクロンはウクライナに批判的でありクリミア半島奪還などあり得ないと示唆してきた。

マクロンの訪中と同時に欧州委員会委員長のウルズラ・フォン・デア・ライエンも北京にいた。彼女は対中強硬路線を唱えている。マクロンとはまったく立場が異なり、それゆえ習近平は彼女に対しては冷遇的態度を取った。帰国に際しても一般ゲートからおくりだすほど冷たい仕打ちだった。かくして中国に対してのEU諸国内の温度差、亀裂に決定的な転換をしめしたのがフランスである。

マクロンは、「ヨーロッパ人が直面している問題は、台湾（危機）を加速することが有益か、どうかということだ」とした。つまり「ヨーロッパが台湾問題に干渉すべきではない」という習近平の見解に明確に同意したことになる。

このマクロン発言にウクライナ、ポーランドが真っ先に反撥し、ウクライナ議会外交委員会のオレクサンドル・メレジコ委員長は、「マクロン大統領がフランスの信頼を弱める」と猛烈な批判を加えた。

フランスのウクライナ支援はNATO主要国のなかでは最低レベル。金額的に比較すると米が228億ユーロ、英41億ユーロ、独23・5億ユーロ、ポーランドですら18億ユーロに対して、フランスは4・8億ユーロでしかない。

武器供与もアリバイ証明的に155ミリ榴弾砲40基、レーダーシステムが1基と若干の中距離ミサイル供与にとどめている。対GDP比率で支援額を計算するとバルト三国やフィンランド、チェコよりもフランスが少ないことが分かる。

それでいて外交主導権をとろうと2月8日にはパリにゼレンスキー大統領を呼んで、ショルツ独首相も同席してもらい、「可能な限りの支援を続ける」と約束していた。この席でマクロンはゼレンスキー大統領が戦争目的とする「クリミア半島の奪回」には触れようともしなかった。

大幅な軌道修正を迫られる「一帯一路」

一方、習近平の目玉だった「一帯一路」を「大調整」(大長征?)に舵取りを変更するだろうと、『ウォールストリート・ジャーナル』(2022年9月26日)が報じた。

路線修正か、大規模な見直しなのかは中国共産党の新執行部で決められるが、景気の大幅後退を前に政策重点は「戦狼外交」から経済政策へシフトする布陣となる。

アジア・アフリカ、そして中南米諸国から東欧、中央アジアの旧ソ連圏へと旋風のように巻き込んだ「一帯一路」で潤った国は少数。大半が「借金の罠」の地獄に陥った。

しかも中国が投下したカネは1兆ドルに達したと計算するエコノミストがいる。天文学的投資に見合う成果はほとんどない。あげくに借金国に対して中国はドル建ての緊急融資をせざるを得なくなった。

大看板の「CPEC」(中国パキスタン経済回廊。総額620億ドル)に習近平は330億ドルをぶち込んだ。しかしグアダール港建設を諦め、カラチへ変更した。これをイムラン・カーン首相(当時)は「ゲームチェンジだ」と嘆いた。プロジェクトの大方が砂漠の蜃気楼だった。

スリランカはハンバントタ港の99年租借に成功したのも束の間、反中暴動が起きて親中派だったラジャパクサ三兄弟(大統領、首相、財務相)はシンガポールへ逃亡した。シンガポールに隠し預金があるからだ。

ほかにもうまくいっていないプロジェクトを羅列すると際限がない。ニカラグア運河は中断して久しい。インドネシアとマレーシアの新幹線は縮小か中断となり、モンテネグロの高速道路は汚職まみれとなってEUから非難を浴びた。

インドネシアは欺されたとして中国批判一色となった。

工事が完成したという意味で「成功」はエチオピア～ジブチ鉄道、そして雲南からラオスのビエンチャンまでの新幹線。しかしどちらも経営は大赤字である。運賃が高くて地元住民が乗れない。だから乗客はほとんどいない。維持すればするほど赤字は累積されてゆく。

一帯一路関係でおよそ1兆ドルが中国の対外債権としてバランスシートに計上されるが、実態は不良債権である。この金額は中国の米国債保有額と同じである。中国は外貨準備が3兆ドルと豪語しているが、それならなぜ外国銀行からドルを借りまくっているかの説明がつかない。不思議なのである。まさに中国の外貨準備高こそ伏魔殿である。依然として強気に推進する一帯一路は中国の経済戦略と濃厚に絡んでいる。

すでに中国は世界最大のリチウムを含むアフガニスタンのアイナク銅山開発を30年契約でカルザイ政権のときに締結している。いったん開発のためのインフラ整備、発電所建設に踏み切ったが、内戦の激化で中国人エンジニア8人が殺害されるなどテロが絶えず、工事は中断していた。

タリバンが政権を掌握後、様子見を続けているものの、中国のタリバンへの接近は西側が誰も手を出さないので独占状態にあり、労働者の宿舎などは建設済みである。

中国「華友鈷業」（浙江華友鈷業有限公司）がジンバブエのリチウム鉱山利権を押さえ、生産、精製工場を建設中だ。買収したのはマスビンゴ県のビキタ鉱山で膨大なリチウム埋蔵量は推計で世界5位、銅を主体の鉱脈全体で1100万との埋蔵と言われている。

精製工場の稼働は2023年中を予定。西側の脱炭素の呼びかけなんて、何処吹く風である。これによってEVならびに半導体に死活的な電池原料を中国が寡占することになる。

ジンバブエという治安の悪い国は旧「南ローデシア」である。

もともと華友鈷業がジンバブエにおけるリチウム鉱山買収を進め、EV電池生産の工場建設をジンバブエ政府と交渉してきた。首都ハラレ郊外のアルカディア社を4億2200万ドルで買収し、開発に3億ドルの投資を表明していた。

条件には鉱石を処理、選鉱施設を建設することで、EV電池原料を製造する工場ではないとしていた。アフリカ諸国は未精製鉱物の輸出を抑制しているからだ。

「借金の罠」に墜ちたジンバブエはムガベ独裁政権が終わっても、中国とのしがらみは切れていなかった。

現在のムナンガグワ大統領は、２０１７年に事実上のクーデターでムガベ夫妻を辞任に追い込み、政権を掌握した。しかし世界最速、最大のハイパーインフレは一向に収まらず、人口１５００万の国民は貧困にあえぎ、政府への信頼は薄い。自国通貨をまったく信用しないジンバブエ国民はすぐに米ドル、南ア・ランド、ユーロと交換するが、人民元も同国の法定通貨として認められている。

ソロモン諸島のプロジェクトは中国企業が受注

２０２３年3月22日、米国のインド太平洋調整官、カート・キャンベル（オバマ政権で国務次官補）と米沿岸警備隊のマイケル・ディ少将がソロモン諸島の首都ホニアラ入りし、ソガバレ首相ら政権幹部とぎりぎりの話し合いを持った。しかも同年2月には米国大使館を再開していた。

ソロモンは２０１９年に台湾と断交し、首都にはすでにチャイナタウンが出来た。新華僑が阿漕な商売を始めたため反中国暴動が起きた。直後にソロモンは警察訓練を目的に中国と警備協定を結んで従来の保護国を袖にしたため、米国、英国、豪、ＮＺを苛立たせてきた。

ソロモン諸島の中心部はガダルカナルである。人口は70万、面積合計は岩手県の2倍程度。現在のホニアラ国際空港はもともと大東亜戦争中に日本軍が建設し、北方のツラギ島にも水上戦にそなえての港湾を開発した。ガダルカナルでは夥しい日本兵が戦死、もしくは餓死した。ガダルカナル視察の帰りにブーゲンビリアで山本五十六元帥が搭乗した機が米軍によって撃墜された。

ホニアラ港近代化工事、空港道路補修ほか2つの国内港湾開発はADB（アジア開発銀行）が1億7000万ドルを融資する大型案件だ。あくまで民間開発を謳うが、港湾はいつでも軍港に化ける。

米国代表との会談後、ソガバレ首相は中国の国際開発協力局長の唐文弘と会い、プロジェクトを中国企業CCECC（中国土木工程集団）へ発注した。

あからさまな親中路線の表明だった。

キャンベルは憮然とした表情で記者会見を開催した。ソロモン諸島に反中暴動の種が撒かれた。

まさに「中国はグローバル・パワーとして振る舞いだした」（『ウォールストリート・ジ

ャーナル』23年3月23日）。

中止だらけの中国主導の新幹線プロジェクト

インドネシア新幹線は第一期工事がジャカルタ〜バンドン間の１４２キロ。中国が日本から横取りして２０１９年に完成予定だった。

工事着工から7年が経過したものの23年4月現在、半分ほど工事は進行しているが、完成は絶望的と見られる。しかも総工費は4割ほど上がり、金利負担が高いから「こんなはずじゃなかった。日本に発注すればよかったのだ」とインドネシア政財界は後悔している。あまつさえジャカルタ〜バンドン間には高速バスが30分毎にでており、従来線の鉄道もある。もし新幹線が完成しても利用客は期待するほどではないだろう。

インドネシア新幹線プロジェクトは、もともと日本が２０１２年に1年以上をかけて予定沿線すべてを測量、土地の地質や、川への高架橋梁の必要性の是非、トンネル工事予定地の調査などを済ませ、「フィージビリティ・スタディ」（商業化可能性調査）をインドネシア政府に提出していた。総工費63億ドルと見積もられた。

ウィドド大統領はにこにこ顔で来日し、インドネシア新幹線の建設協力に前向きだった安倍晋三首相（当時）と会談した。その足で北京へ向かった。逆転は習近平との会談直後に起きた。北京の伏魔殿で何があったのか。何がウィドド大統領を変心させたのか。

２０１５年９月、インドネシアは中国に新幹線工事を発注し、日本の関係者は驚いた。中国がオファーした総工費は55億ドルだった。それがいつの間にか工事費は４割増となり、すでに中国は建設資材、機材を運び込んだからしっかりとその代金は帳簿に記されている。工事の遅れはコロナで労働者が帰国したためなどと言い訳されたが、それ以前から工事現場では動きが止まっていた。

これが中国の遣り方で、納入済みの建設資材、建材などはしっかりと代金を回収し、儲けをはじき出している。しかも中国との契約は対外機密となっており、契約内容は公開されていない。しかし過去の「実績」を見れば、すぐに了解できる。

マレーシアは中国主導の新幹線プロジェクトを止めるとした。

ところが契約にはキャンセルにともなう違約金が工事費ほど高いため、クアラルンプール周辺に限定した部分的な工事をせざるを得なくなった。

スリランカのコロンボ港近代化工事でもラジャパクサ政権をひきついだシリセナ政権が

キャンセルと言ったが、違約金が工事費に匹敵することがわかり、しぶしぶプロジェクトを継続している。その後、またもラジャパクサ政権が復活し、こんどはコロンボ沖に人工島を建設して「南アジアのドバイ」のような国際金融都市にするとした。人工島の埋め立て工事だけは出来たが、そのままとなった。先に述べたように、ラジャパクサ三兄弟はスリランカから逃げ出した。

世界で中国の「一帯一路」が絡む多くのプロジェクトには同様なことが起こっている。

スリランカで反中国政変

スリランカの首都をコロンボだと思っている人が多い。コロンボの東南に隣接する「政治村」のようなスリ・ジャヤワルダナプラ・コッテという町が「首都」。言ってみれば「コロンボ特別区」だ。国際空港からコロンボまでおよそ1時間かかる。

ミャンマーの首都はヤンゴンではなく山奥の森の中、ネピドーである。旧ビルマの首都がラングーンと教わった世代からみると覚えにくい。舌がもつれそう。スリランカの首都の名を復唱。スリ・ジャヤワルダナプラ・コッテ。

スリランカは英国植民地時代、セイロンと呼ばれた。紅茶の代名詞だった。その前にはキャンディ王朝。仏教の信仰篤い国だった。独立後、この国は「民主社会主義」だ。仏教の交流が盛んで、キャンディには日本の仏教団体と共同の施設やホテルがあり、軽井沢のようなリゾート地となって世界中から観光客で賑わった。コロナ禍の襲来で大きく外貨収入が減った。

このスリランカで劇的な政変劇が起きた。

中国の影響力が劇的に後退したのだ。親中派のラジャパクサ一族が海外へ逃げ、残ったのは中国に取られたハンバントタ港、誰も利用しない飛行場（ラジャパクサ空港）。砂上の楼閣となる人工島（「アジアのドバイ」にすると中国が吹き込んだ。海を埋め立て人工島は完成。上ものは何もない）。スリランカの対外債務は５１０億ドル。４月にデフォルトを宣言した。

ＩＭＦは救済のさじを投げ、食糧、医療で、救援をしているのはインドと日本である。とくにインドは安全保障上、インド洋防衛の要衝であり、貧困な財政状況からスリランカに15億ドルの信用枠を保証した。南のモルディブも親中派ヤミン政権時代の無謀な借金で、中国が支配しようとしたが、インドが舞台裏で反撃した。親中派大統領を追放し15億ドルの信用保証を与えた。

スリランカ政変の原因は外貨不足に重なったコロナ、観光産業壊滅とガソリン値上げだった。民衆の不満が爆発し、連日デモが発生、ついには大統領官邸を占拠、首相の自宅にも放火して、大統領、首相、財務相のラジャパクサ三兄弟を追い出した。

そもそもラジャパクサ兄弟がスリランカを壟断するほどになったのは中国のカネだった。ゴダバヤ（兄、元大統領、直近まで首相）、マヒンダ（大統領）はタミル戦争を戦って、勝利にみちびいた英雄だった。北西部のタミル族は分離独立を叫んで武装闘争を繰り返し、その凶暴さから「タミルの虎」と言われた。対岸インドはタミル族が多い。

スリランカ政変の意味することは何か？

2015年にラジャパクサ落選のあと登場したシリセナ政権は「中立外交」を掲げ、先に述べたように、中国とのプロジェクトの見直し、キャンセルに動いた。

インドは安全保障上、スリランカ重視。なぜなら中国と国境紛争を抱えるばかりか北西部はパキスタンとの領土係争が続き、保護国だったネパールにはマオイスト政権、ブータンへの中国の巧妙な浸透に対しても、インドは神経をすり減らしている。そのうえ東国境がバングラデシュとミャンマーだ。

バングラデシュには中国の繊維産業が大々的に進出し、ダッカ大学はマオイストばかり。

中国は一帯一路プロジェクトを濃厚にからめた。その東奥のミャンマーには中国が密かに支援する山岳民族の武装ゲリラ。そして海を隔てた隣国のスリランカ、モルディブが親中政権となって、「借金の罠」に陥ったのだ。

中国は治安の悪いアフリカの国にも出て行く

2023年3月20日、中央アフリカ共和国のカメルーンとの国境付近にある金鉱で中国人9名が武装集団によって殺害された。

前日にも中国人3名が誘拐された。中国企業の現地労働者の扱い方に不満が爆発していた。中国企業の金鉱開発に反対する武装グループの犯行とみられるが、どの武装グループも否定しており、金山のガードマンとして雇用されているワグネル集団が背後にいるとの指摘もある。

中央アフリカでは2018年にも3名の中国人が、2020年には2人の中国人が殺害されている。いずれも金鉱ビジネスが絡む。

アフリカ54ヶ国のうち70％が中国製の武器を使用し、２０１０年から２０２１年までの統計に拠れば、中国の対アフリカ武器輸出は全体金額93億ドルの22％だった。

貿易相手国で中国のアフリカ諸国からの輸入はアンゴラ、ナイジェリア、コンゴからの原油、レアメタルが目立ち、全輸入の85％は鉱工業関連の原料である。

中央アフリカは日本の国土面積の１・７倍もあるが、人口は５００万人以下。１人当たりのＧＤＰは５３０ドルと世界最貧国のひとつ。進出した日本企業はゼロ、在留邦人は大使館関係者が４名だけ。

中国の中央アフリカへの投資は首都バンギ近郊に16平方キロメートルの太陽光パネルなどである。しかし治安が極度に悪く、軍の腐敗が横行しており、加えて中央アフリカではクーデターを繰り返してきたため各地に武装勢力が蔓延り、ドゥアデラ大統領政権を脅かしている。

こういう治安の悪い国へも、かの国はカネの匂いを嗅いで出ていくところが凄い。

日本企業はとても真似の出来ないことである。

ジョージ・ソロスは何と言ったか？

このような世界情勢の激変の渦中で私たちが忘れてならないのは歴史の教訓である。

ここで、3人の有名なファンド、学者たちの10年前の予言的発言を思い出す。

ジョージ・ソロスは「無敵の投機家」「世界一の相場師」と言われた。つねに意表を突く大胆な投機を行い、そのかたわらで慈善活動家のイメージをふりまいてきた。世界各地に慈善事業の足跡を夥しく残した。

自由市場の信奉者で、ジョージアの「薔薇革命」の黒幕ともスポンサーとも言われ、ポーランドの「連帯」にも多額の寄付、ウクライナでは「マイダン革命」の黒幕だった。米国内ではトランプ大統領落選運動も展開した。ニューヨーク大陪審のトランプ起訴はブラッグ検事が仕組んだが、彼の背後にはソロスがいた（本人は「会ったこともない」と否定）。

1997年のアジア通貨危機の黒幕もソロスだったと決めつけたマハティール（マレーシア首相＝当時）は「ハゲタカファンドの陰謀」と批判して憚らなかった。

ソロスの名前を冠した大学の研究所や講座が東欧諸国に目立つ。慈善事業の活動母体は

「開かれた社会研究所」と「ソロス財団」である。とくに後者は出身地であるハンガリーを中心に、東欧諸国の民主化のための政治活動に巨額を支援してきた。

そのソロスが世界有数のパフォーマンスを誇ったヘッジファンドを解散し、派手な寄付行為により、ダボス会議で予言、危機発言を繰り出す。ソロスは「ユーロ」の未来に懐疑的なのである。

「ユーロの未来はドイツに掛かっている」と独誌『シュピーゲル』のインタビュー記事の中で、ソロスは「ユーロを守るというドイツの姿勢は本格的ではない」と舌鋒鋭くメルケル前政権を批判した。通貨投機の名人の発言に独財務省関係者、ドイツ銀行首脳らは神経を尖らせた。なにしろソロスはたったひとりで英国ポンドの空売りを仕掛け、20億ドルを稼ぎ出した「実績」がある。

ソロス財団はこれまでに、累計で200億ドルを使って東欧の〝民主化〟の黒幕を演じてきた。

『大国の興亡』を書いた歴史家ポール・ケネディ（エール大学教授）は、「国際的な決済の85％が米ドルだった時代はとうに去った」とし、「米ドルの価値は下がり、米経済はくたびれ、中国が台頭し、決済通貨は多元化する」として、次のように今後の世界を予測する。

「これからの世界経済はドル、ユーロ、人民元の三極体制に移行し英ポンド、日本円は補助通貨となる。欧州は通貨統一の次は政治統一へ進む過程にあり、まごついている時間はないはずである。中国の台頭は欧州500年の歴史を終焉させる可能性があり、国連は無力で米ロ中は自国利益にこだわってまとまりがない。アジアの軍拡、とりわけ中国の主導を黙視すれば、歴史は違う角度への変革をとげるだろう。すなわち現在よりも深刻で問題だらけの世界がやってくる。世界経済はより深刻に一歩一歩、恐慌に近づく」と発言している。

ノーベル経済学賞に輝くコロンビア大学のジョゼフ・スティグリッツ教授は、かつてソロス財団のシンポジウムでソロスと並んで発言したことがある。

そのスティグリッツは、「ユーロが破綻するのであれば先にドイツがユーロ圏を離脱する方が脆弱《ぜいじゃく》な債務国が離脱するより事態収拾は容易にある。つまりギリシャがユーロから離脱すれば同国通貨＝ドラクマの価値は低下する」と指摘し、「もしドイツが離脱する場合は貨幣価値が上昇するだろう。そうなればドイツ・マルクで債務を支払えばよいから対応は非常に楽になる」と分析していた。

基本的にこうしたスキームには大きな変化はない。こうした議論はドル基軸通貨体制の衰退を横目にしながらも、代替にユーロ基軸体制がうまれることはないとしているのである。

エピローグ

大きく揺らぐドル基軸体制

習近平皇帝・御一行様はモスクワの超・超豪華ホテルに宿泊

プーチンと習近平の立場が逆転した。習近平がプーチンの兄貴分となった。ウクライナ戦争でロシアが疲れてしまったからだ。

モスクワのチャイナパークは高層の「貿易中心ビル」を含めて広大な敷地を拡げる。モスクワの中に中国があるのだ。チャイナパーク敷地内に中華風の庭が造成され、四合院、池、奇岩がならび真ん中に孔子像が屹立している。習近平皇帝様の宿泊先は、このチャイナビジネスセンターに建つ高層の超豪華ホテル（ＳＯＬＵＸＥ）だ。

モスクワにはマリオットなど豪華ホテルが多いが、ＳＯＬＵＸＥがひときわ目立つ。習近平の泊まったスイートルームは七部屋付き、３７３平方メートル！

習近平の専門コックはこのホテルに先着し、食材点検など準備をしていた。インテリアは古代中国の陶器、高価な屛風、壁画、食器、調度品など全てが中華風である。

なぜこんな豪華ホテルに陣取ったか。それはウクライナ戦争前まで兄貴分と畏怖してきたプーチンに対して「これからは俺が兄貴だ」とデモンストレーションを世界に見せびらかしたいからだった。

中露首脳会談前にプーチンと習近平は、それぞれ相手国の主力新聞に寄稿して歯の浮くような言葉で褒め合った。

プーチンは『人民日報』に寄稿し「両国は宿命的なパートナー」とし、習は『ガゼッタ』紙に「将来の繁栄に両国関係は新しいチャプターを形成するだろう」と主張した。

前もってムードを盛り上げ、習近平の特別機が到着すると異例の熱烈歓迎でむかえた。直ちにクレムリン宮殿で首脳会談、非公式夕食会を開催した。「親愛なる友よ」と習近平は孤立気味だったプーチンに呼びかけ、「次の大統領選挙でも当選するでしょう」と述べた。正確にいうと「立派な事業を推進したあなたをロシア国民が強く支持すると確信している」。これはプーチンが習近平に「3選おめでとう」とした祝意の答礼である。

世界のメディアが注目したのはウクライナ戦争停戦へ中国の仲介だ。事前にウクライナへも呼びかけ、停戦の仲介案を提示していた。西側のメディアは主観的な期待値が大きすぎたが、習とプーチンの目的は異なったのである。

中露首脳会談は「出口はある」としただけで会談の内容は伝わっていない。ウクライナ停戦に向けて中国の仲介を期待したのはメディアの勝手な憶測であって、まずは中露間の懸案事項である経済、通貨、エネルギー貿易、宇宙航空・軍事、科学技術などの協力関係の見直しと検討、これからの発展計画などの課題が会談では優先した。

習近平のモスクワ訪問を中国外務省は「平和の旅」などとおこがましい銘々をなして、過去、不評だった「戦狼外交」や、効果ゼロだった「マスク外交」の失敗には触れなかった。台湾侵攻に牙をむく全体主義政権はつねに逆のことを言う特徴がある。

同日、中国外務省が発表した『2022年米国の民主状況』報告書は次の文言が並んだ。

「米国は民主主義のゆがみや政治の失敗、社会の不協和音の悪循環に陥っている。必要なのは民主主義サミットではなく、問題解決に目を向けた団結大会だ」

あからさまな米国批判の基調で、バイデン政権への当てつけの度合いが強烈だった。

中国の和平提案を「読むべき価値はある」としたのはスペインだけ。米国はハナから相手にせず、ゼレンスキー大統領は逆に習近平に「キエフへ来てくれ」と言った。

米国の強硬派（バイデン、ブリンケン、ヌーランド）が主張しているのはドネツク、ルガンスクなどロシアが奪回した土地の返還ばかりか、クリミア半島の返還を要求しており、ゼレンスキー大統領に「最後まで戦え」と発破をかけている。欧米のミニコミ情報によるとゼレンスキー大統領側近のあいだでは「クリミア奪回などあり得ない」という認識が拡がっているという。米共和党の大多数の声は「そろそろ支援を打ち切れ」である。

ウクライナ国内の反戦派や停戦推進派の声は封じられているし、親露派の住民はスパイ容疑で逮捕されている。ウクライナ国内のロシア正教の司教等も弾圧され、ゼレンスキー大統領批判のメディアはすべて禁止され、ジャーナリスト等は国外へ逃れている。

したがって親露色が強い中国の仲裁などウクライナが受け入れるはずがないのである。日本のメディアの平和願望は乙女の祈り、お花畑の発想でしかない。

ヤクザもならず者も天下を取れば「天子」

かくして対外的に中国の印象はダイナミックに映し出されている。一方で、中国の内情は深刻である。

紀元前221年から2023年まで2244年にわたるシナの皇帝史を概括してみると、中国という特殊な風土が生んだ、日本人の想像を絶する中国皇帝の本質、その行動原理がわかる。

2022年上半期だけで中国の企業46万件が倒産した。コロナ禍が重なったとは言え、日本の同期の企業倒産は3000件である。

地方政府はカネがなくなり、たとえば河南省商丘市ではついに市民の足である路線バスの運行をやめた。

何かが異常なのだ。日本には倒産した企業の資産は裁判所命令で封印され、凍結され、残った資産のうち真っ先に従業員へ給与の支払いがある。そのうえ失業保険の受給がある。中国にはない。未払い給与が半年ほど貯まっているのはザラ、しかも経営者はたいがい逃亡している。地方から出稼ぎにきた労働者の多くは無駄働きで泣き寝入りだ。

中華王朝の皇帝とは、天に代わって天下を支配する最高指導者である。それは一個の国の皇帝ではなく華夷秩序で「中国皇帝が世界の中心」なのだ。その皇帝の権威と権力を正当化するのが「天命思想」、つまり「天は唯一にして全知全能の神聖なる存在」となる。

武力での政権奪取であろうと、謀略を用いた革命であとうと、天下をとれば、それは「天命を受けた」ことになる。ところが、日本の天皇とは異なって「天は天子に支配権の委譲を撤回することも出来る」。

だから歴代皇帝は「現在の皇帝を滅ぼし、新しい王朝を立てる」。易姓革命で、「我は天命によって選ばれたのであり現王朝を斃す」という意識が生まれる。短命に終わった「新」という王朝の王莽も、天下を取り損なった安禄山も、洪秀全も同じ天命思想に取り憑かれたに違いない。

また「天が人間世界の支配権を委譲した特別な人間が愚か者でいいはずがない。その辻褄を合わせる設定が徳治主義と呼ばれる儒教思想である」（石平『脅威と欺瞞の中国皇帝政治二千年史』、徳間書店）。

したがってヤクザもならず者も天下を取れば「天子」となりえる。ヤクザでも暴力好きな暴君でも「徳のある人物」として認定される。すなわち「儒教の世界観は皇帝の政治支配を正当化するための欺瞞でしかない」。この本質を知らずに日本は儒教を受け入れ徳治政治を歴代天皇は至高の価値としたかに見える。しかしながら「日本が受け継いでいるのは儒教ではなく論語である」（括弧内は石平前掲書）。

中国のZ世代は何を考えているのか

「独裁3・0」に突入したばかりの習近平政権は、経済の苦境から脱出するには困難をともなうだろう。

未曾有の不動産不況、コロナに加えて、予期しなかった民衆の反撃。「白紙革命」が政治中枢を揺さぶった。

中国のウイグル自治区で発生した火災は、コロナ対策で消防隊の出動が遅れたため多くの犠牲がでた。この不手際に抗議し、「コロナ対策を止めろ」「習はやめろ」の大合唱が若者たちのＳＮＳで拡大し、各地で抗議集会がおこなわれた。とくに北京大学、清華大学など50の大学キャンパスで白紙プラカードに無言の抗議活動が展開され、世界各地に伝播した。

中東から東欧のカラー革命と重なる印象がある。ブリンケン国務長官は「かれらを支持する」と発言した。年があけて、監視カメラでプラカードを掲げていた学生を割り出し、拘束した。学生運動はまたも潰された。

ロックダウンで２ヶ月以上も閉じ込められていた若者に、メンタルの落ち込みが顕著となった。

若い兵士を含む中国人のＺ世代の海外移住願望は強く、日本に移住した数は一説に78万人。これは深刻な問題である。金持ちとインテリの卵は中国に住み続けたくないのだ。

改革開放以来の経済発展と繁栄で、雨後の竹の子のように中国各地に大学ができた。日本にも大学が多いが、中国の即席大学はキャンパスの整地が遅れ、校舎は手抜き工事、グラウンドは泥道、バスはこない。いや、そもそも簡単に造りすぎたのでまともな教授がいない。図書館に蔵書がない。

雇用側にとって人気があるのは理工系卒の学生である。文化系、なかでも思想とか哲学専攻の学生など敬遠される。そして中国企業が景気後退、不況の荒波で新規雇用のゆとりをなくした。新卒者が欲しい企業は不動産販売だが、訪ねてくる学生はいない。中国の大学新卒者は２０２３年７月に１１５８万人となるが、予測される新規雇用は６００万人。

あぶれた学生は何をするか？　家庭教師も予備校講師も禁止されたので、「ウーバー・イーツ」（出前）。それも客の取り合いを演じている。肉体労働現場も不動産の不況でクレーンが停まっている。

そこで雇用されるより、もう少しモラトリアムが欲しい向きは大学院に進学。あるいは海外留学となる。昨年度、大学院へ４００万人もの志願があった。米国は中国人留学生を制限しており、かといって中国の外国留学希望者の多くは日本へ留学を希望しない。

半世紀前、中国からの留学生には凄まじいハングリー精神があった。

筆者は当時、貿易会社を経営していたので相手の中国人の子弟留学の保証人もさせられた。留学生たちに接する機会が多く、その旺盛なエネルギーには驚かされた。

それが今やふにゃふにゃのお坊ちゃん、ファッションにしか興味のないお嬢様たちとなった。もし、国防動員法が発令されても、この遊学生諸君らは日本国内でスパイ活動や破壊活動をまともにできるとは考えにくい。

そこで海外留学生、研修生や移民の動向を見張るために、世界各地に秘密の中国の「駐在警官オフィス」が設置された。欧米の人権団体の調べでは、この「派出所」が世界に54ヶ国（日本にも2ヶ所）。米国司法省は「中国の監視機関は世界102ヶ国にあり、中国企業、とりわけソフトウェア開発や通信企業、ヴィデオゲーム企業などが秘密監視機関と連携し監視行動をしている」と警告した。

巨大な矛盾の噴出である。

そして、もっと大きな矛盾に直面した。借金の罠に中国自らが陥落したのだ。

「借金の罠」に落ちたのは中国だった。面子の問題が習近平の強迫観念として彼の脳幹を支配しているからである。

なにしろ一帯一路は習近平の目玉である。あらかたのプロジェクトは世界中で挫折したが、面子のため工事を続けざるを得ない。このために中国は運転資金と利払い目的のために、後ろ向きな資金を継続的にプロジェクト対象となった国に貸しつけなければならない。

破産した国々に対して、実は２４００億ドルを新規に貸し付けた。直近でも緊急融資を行ったのは中国が４０５億ドル、ＩＭＦは６８６億ドルだった。金利は中国が５％、ＩＭＦは２％。米国債の金利は23年４月現在４・75％。ＥＵは３・25％である。

左記の国々が中国からの新規借入をしなければならなくなった。

アンゴラ、アルゼンチン、ベラルーシ、ブルガリア、エクアドル、エジプト、ケニア、ラオス、モンゴル、ナイジェリア、オマーン、パキスタン、南ア、スリランカ、スーダン、スリナム、タジキスタン、タンザニア、ウクライナ、ベネズエラ……（『ザ・タイムズ・オブ・インディア』、23年３月28日）

伏魔殿がまたひとつ増えた。

北朝鮮の核弾頭

世界でもっとも薄気味悪い伏魔殿は北朝鮮である。

朝鮮半島の動きをすこし最後に触れておくと、米国の最大関心事は北朝鮮の核開発である。日本は北の核ミサイルには極めて鈍感で拉致問題が先行する。

ジャック・アタリ欧州復興開発銀行元総裁は「北朝鮮が小型核弾頭を搭載できる長距離弾道ミサイルを開発すると（中国が容認できなくなり）状況は一変する」（『日本経済新聞』、3月30日）と予測した。

となれば金正恩斬首作戦は米中共同作戦になる？

現在の北朝鮮の核弾頭はエンジンがおそらく旧型がソ連製、近代のものはウクライナ製も多いと推定される。またソ連時代にはロシア人科学者が北朝鮮で威張っていたが、まともな協力をしないので原爆実験にまでは到らず、冷戦終結後はウクライナのエンジニアが滞在した。また日本のエンジニアがハニトラや脅迫によって北朝鮮で開発に従事したという確度の高い情報がある。

韓国統一省が23年3月30日になって公開した6年前の機密文書がある。２０１７年以降に脱北した５０８人の証言を基に「北朝鮮人権報告書」でユン（尹）政権が人権問題で独裁体制への圧力を強める姿勢を鮮明にしたものだった。報告書は２０１８年から年１回作成された。ところが対北融和を重視した文在寅前政権は公開しなかった。

報告書は約４５０ページで２０１７年に金日成主席の肖像画を指さした妊婦が公開処刑された。15年には江原道元山で韓国の動画を見たなどとして16～17歳の６人が銃殺された。公開処刑には１０００人規模で住民が動員されたという。

それにしても国際社会が懸念する核ミサイル開発はどこまで進んでいるのか？

荒木信子『韓国の「反日歴史認識」はどのように生まれたか』（草思社）には次の記述がある。

１９４５年10月、北朝鮮地域でソ連が日本の地下工場を発見した（ソウルの『毎日新聞』、45年10月1日）。日本の『朝日新聞』も同日付の一面で「北鮮に地下化学工場」とわずか3行の記事がある。ところが1年後の『漢城日報』（46年10月4日）に驚くべき記事が掲載された。「日本軍の原爆研究、戦時中、興南で成功、技術者らソ連に抑留、拷問」という記事が掲載されたことで「地下化学工場」の正体が明らかになったというのだ。

記事の翻訳文は以下の通り。

「朝鮮において米軍24師団犯罪調査班に勤務中だったディビッド・スネル氏は『アトランタ・コンスティテューション』という月刊誌に一文を寄稿したが、この中で日本は原爆研究を進展させ、敗戦3ヶ月前（正しくは3日前）に原爆実験に成功していたとして、続けて次のように述べている。『私は朝鮮における原爆研究に関する秘密漏洩防止任務に従事していた日本人将校と会見したが、彼は次のような話を打ち明けた。日本はソ連軍が朝鮮興南に進駐する数時間前に未完成の原爆と秘密書類、原子製造施設を破壊した。その後、関係した科学者たちはモスクワへ送られ、ソ連は彼らに原爆研究を強要している』」（荒木訳）

原爆実験は広島級で、「火焔球の直径は１０００ヤードに達し、様々な色の水蒸気が空中に散布した。付近の海上に置かれていたジャンクその他の船舶は強烈に燃焼し、海中に姿を消した」。

米国は日本の原爆開発レベルを知りたがった。またソ連がそれをどこまで掌握していたかを知りたがった。１９４７年にソ連は原爆実験に成功した。

荒木信子氏は次の重大なポイントを指摘する。戦争末期の貧困状況にあっても、もし日本が原爆を開発し実験を成功させたとするのなら、「現在の北朝鮮にも可能であるし、その基盤は日本が作ったという視点を米国は持っている」。

当時もいまも北は鉱物資源に恵まれ、ウラニウム鉱脈がある。採掘権は中国企業がもち、そのバーターが食糧援助である。

この日本軍の原爆実験成功説については、米国情報筋のフェイク説が強い。米国の動機は広島・長崎への原爆投下の原罪を荒唐無稽な日本の原爆話で相殺しようとした小細工だと近・現代史家の落合道夫氏が次の分析をしている。

「原爆の開発には原材料のウラン鉱石からウラン235を抽出するための膨大なガス遠心分離機と電力、そして起爆装置が必要である。しかし戦前の日本には材料が無く超精密な遠心分離機や起爆装置は製造できなかった。基本的な材料、技術が無かった。他方、ソ連の原爆開発はドイツ人科学者の活用だった。ドイツ人の共産主義者で第一級の核物理学者のフックスを英国の核研究所に亡命者を装って入り込ませ、そこから米国のロスアラモス研究所に送り込んだ。フックスは最高幹部のひとりになり、貴重な情報を無料でスターリンに送り続けた。スターリンは核物理学を理解出来なかったが、KGB長官のベリヤに至急開発するように命じた。ヒトラーは、核物理学をユダヤ人の学問として嫌い、ノーベル賞を受賞した核物理学者を擁しながら陸軍に原爆の開発を禁じた。独が降伏するとドイツ人の核物理学者を大量に拉致し特別の都市に隔離して拷問と処刑の恐怖で脅し、原爆開発を行わせた。そして一九四九年に米国は空中警戒機から放射能を検知し、ソ連原爆の成功を知った。フックスは戦後、逮捕されたがスパイ交換で東独に戻された」

「金本位制回復法」についての新たな動き

さてこの小冊原稿を脱稿しようとしていたら重大なニュースが飛び込んできた。

欧米の銀行連鎖倒産直後から世界の投資家は資金をいずこへ逃避させたか？　金、日本国債、そしてビットコインを臨時の避難場所とし、キャッシュポジションを高めた。

第1章で触れた金本位制復活法案は提案者のムーニー下院議員の孤独な闘いに見えたが、4月になってアリゾナ州選出の共和党アンディ・ビッグス下院議員とポール・ゴサー下院議員が仲間に加わった。

不安定な連邦準備制度の紙幣を金とペッグさせる「金本位制回復法」（ＨＲ２４３５）の提案だ。この法案は財務省と連邦準備制度理事会に対して「すべての金の保有量と過去の金取引データを公開するために2年の準備期間があたえられ、その後、ドルがその時点で金の固定重量に正式に再ペッグされる」と唱えている。

ムーニー議員の見解は次の通りである。

「金本位制はワシントンの無責任な消費習慣や、無からのお金の創造から資産保護するだろう。ドル紙幣は２０００年以降、購買力の40％以上を失い、１９１３年の連邦準備法成立以降、購買力の97％を失った。２０２１年から連邦準備制度理事会の行動は８％以上のインフレ率を生み出し、多くの米国人の生活費を耐えられないレベルまで上昇させた。富裕層を豊かにする一方で、そうでない労働者の雇用、賃金、貯蓄は貧しくなった」

経済教育財団名誉会長であるローレンス・リードは、次のように述べた。

「金本位制が米国を裏切ることは決してなかった。間違った考えや誤った政治家は経済破壊の道を選んだ。私たちが何もしなければ、破滅への道に陥り、文明を溺死させたと同じように、災害が待っています。今日の債務ベースの法定通貨システムは、主に大きな政府と裕福な金融関係者を支援するだけであり、連邦準備制度理事会の一連の通貨の価値低下策は真摯な預金者と賃金労働者の暮らしを圧迫する。金との兌換可能な通貨に戻ることは、インフレを阻止し、非効率な政府の政策を抑制し、米国の繁栄のエキサイティングな新時代の幕開けとなる」

なるほど、理論的にはあまりに単純すぎて短絡的で分かりやすいが、大きな問題がある。公表数字とは違って米国の本当のゴールド保有量は秘密なのだ。

1970年代に英国が金の返還を要求し、それがニクソンの金本位制度離脱に繋がったが、90年代もドイツが通貨統一を口実にニューヨーク連銀の金庫に保管委託していた金をひきあげた。

それゆえムーニー議員らの法案は連邦準備制度理事会と財務省に対して、「1971年8月15日にニクソン大統領の金兌換停止前の10年間の米国の金の償還と譲渡に関するすべての記録」の開示を要求しているのである。つまりフォートノックスの地下要塞金庫に眠る米国の金保管量の実態も伏魔殿なのである。

「ドル基軸体制の終焉」が警告され始めた

跋文寸前にもうひとつ重大なニュースが入った。

米国メディアが本気で「ドル基軸体制の終焉」を警告し始めたことだ。「緩慢ながらドル基軸体制は終わりつつあり、人民元の台頭に注目しておくべきだろう」と米国大手メディアが分析を始めている。

ドルの衰退に関する警告は次の7つの出来事からも推測できると分析している。

第一にBRICS（ブラジル、ロシア、インド、中国、南ア）が揃って自国通貨で貿易相手国との決済を本格化させている。一説に「BRICSコイン」を発行するという将来構想がある。

第二にブラジルが中国との貿易で人民元決済を受け入れた。ルラ大統領は左翼リベラルで親中派である。

第三にインドネシアで開催されたASEAN会議では「西側通貨に依存し続ける理由はなくなった」などと討議された。とくにマレーシアのアンワル・イブラヒム首相兼外相が「ドルに依存する理由はない」と発言した。アンワルに限らずアジア通貨危機以後、ASEAN諸国はドルの動向に敏感である。

第四にサウジアラビアが「上海協力機構」（SCO）に正式にメンバー入りを果たす。ペトロダラー体制の基軸国家だけに米国との姿勢がバイデン以後、ロシアにドローンや大量の弾薬を供給したりして露骨に変化している。サウジ外相とイラン外相は外交関係修復を中国の介入で実現したが、4月の初回実務会談をわざわざ北京に出向いて行っている。第五にロシアのガス輸入を多くがルーブルで決済している。このためルーブルの暴落が起こらず、ガス高騰で悲鳴を上げたのはドイツだった。

第六にインドはルピー決済もはじめた。インド経済の交流はすさまじいが通貨に関しては自国通貨決済を行うことはなかった。

第七にケニアが中国人民元決済を受け入れ始めた。ケニアは鉄道などで中国から巨額の借り入れをしている。ほかにも人民元受け入れの兆しがあちこちで観測されている。

このように世界的規模でのドル離れが進んでいるのは米国の衰退に無策のバイデン政権発足以来のこと。「バイデンは気が狂った」とタッカー・カールソン（FOXニュース）は4月6日の放送で言い放った。カールソンは辛辣なリベラル批判を展開して米国の保守陣営でもっとも人気があるコメンテーターでもある。

通貨覇権の歴史を振り返ると

ここで連想する人物がいる。

ジョヴァンニ・アリギは『長い20世紀』（土佐弘之監修、柄谷利恵子訳、作品社）が代表作のイタリア人学者である。アリギは金融システムの覇権国の興亡史をサイクル（循環論）で説いた。

20世紀の資本主義世界の過去１００年には、15～16世紀から19世紀末に及んだ３つの覇権がサイクルとして組みこまれているとしたところに特徴がある。

３つの覇権のサイクルは、オランダの覇権、イギリスの覇権、そして米国の覇権サイクルを意味する。基本概念として、ブローデルが４大都市国家と名付けたヴェネチア・フィレンツェ・ジェノヴァ・ミラノに始まり、イタリア都市国家群からアムステルダムへ、そしてロンドンへと金融の中心が移動するに従い、世界資本主義と国民国家と植民地帝国主義をまぜた覇権の姿をとったとする。

オランダから覇権がイギリスへ移行し、第２次大戦後は米国覇権が確立された。英国ポンドは米ドルが基軸通貨に代替された。１９４４年にはやくも戦後を展望してIMFと世界銀行が基軸の「ブレトンウッズ体制」が生まれ、米ドル基軸体制が強固なシステムに変貌した。

朝鮮戦争、ベトナム戦争が米国経済をすり減らしたはずだが、米ドルは世界最強の通貨となった。筆者はベトナム戦争中のサイゴン（現在のホーチミン）に1週間滞在してあちこちを取材したが、どこでも米ドルの天下だった。レストランもスナックも米ドルでの支払いを歓迎した。

1971年にドルが金兌換を止めても（ケインズは金本位制を「金は野蛮の遺物」と言ったが）、ペトロダラー体制が補完し、ドル基軸に変化はなかった。欧州は対抗上、ユーロを創出し、ドル・ユーロ併存体制が築かれ、日本円、英ポンド、カナダドル、豪、NZ、スイスフランは基軸ドルの補完もしくは補助通貨になった。

経済発展を遂げて大国に返り咲いた中国は華夷秩序を思い出して、人民元を覇権通貨としてドル基軸体制に挑戦しはじめた。

金暴騰と人民元の台頭、ドル基軸体制の揺らぎ、これらは次の変動の予兆である。

〔著者略歴〕
宮崎正弘（みやざき・まさひろ）
1946年、石川県金沢生まれ。評論家。早稲田大学中退。「日本学生新聞」編集長、雑誌『浪漫』企画室長、貿易会社経営などを経て、1982年『もうひとつの資源戦争』（講談社）で論壇デビュー。中国ウォッチャーとして知られ、全33省にわたり独自の取材活動を続けている。近著に、『日本の保守』『徳川家康480年の孤独』（以上、ビジネス社）、『ウクライナ危機後に中国とロシアは破局を迎える』『誰も書けなかったディープ・ステートのシン・真実』（以上、宝島社）、『習近平独裁3.0　中国地獄が世界を襲う』（徳間書店）などがある。

国際金融危機！米中メルトダウンの結末

2023年 6 月 1 日　第 1 版発行

著　者　宮崎正弘
発行人　唐津 隆
発行所　株式会社ビジネス社
〒162-0805　東京都新宿区矢来町114番地　神楽坂高橋ビル５階
電 話　03(5227)1602（代表）
FAX　03(5227)1603
https://www.business-sha.co.jp

印刷・製本　株式会社光邦
カバーデザイン　中村 聡
本文組版　有限会社メディアネット
営業担当　山口健志
編集担当　中澤直樹

ISBN978-4-8284-2531-3